基于学生发展核心素养的学业标准丛书

北京市教育科学"十三五"规划优先关注课题"学生核心素养课程教学改革研究"
北京市教育委员会2016—2018年委托项目

基于学生发展核心素养的 学业标准

理论与实践

褚宏启 等 著

北京师范大学出版集团
BEIJING NORMAL UNIVERSITY PUBLISHING GROUP
北京师范大学出版社

图书在版编目(CIP)数据

基于学生发展核心素养的学业标准. 理论与实践/褚宏启等
著. —北京：北京师范大学出版社，2022.10
　ISBN 978-7-303-26620-3

　Ⅰ. ①基… Ⅱ. ①褚… Ⅲ. ①课程－小学－教学参考资料
Ⅳ. ①G624

　中国版本图书馆 CIP 数据核字(2020)第 259721 号

教材意见反馈　　gaozhifk@bnupg.com　010-58805079
营　销　中　心　电　话　　010-58802755　　010-58800035
北师大出版社教师教育分社微信公众号　　京师教师教育

JIYU XUESHENG FAZHAN HEXIN SUYANG DE XUEYE
BIAOZHUN LILUN YU SHIJIAN

出版发行：北京师范大学出版社　www.bnup.com
　　　　　北京市西城区新街口外大街 12-3 号
　　　　　邮政编码：100088
印　　　刷：北京溢漾印刷有限公司
经　　　销：全国新华书店
开　　　本：710 mm×1000 mm　1/16
印　　　张：12.5
字　　　数：180 千字
版　　　次：2022 年 10 月第 1 版
印　　　次：2022 年 10 月第 1 次印刷
定　　　价：49.00 元

策划编辑：路　娜　郭　翔　　责任编辑：康　悦
美术编辑：焦　丽　　　　　　装帧设计：焦　丽
责任校对：段立超　　　　　　责任印制：马　洁

序

核心素养如何落实到教与学中去

核心素养(key competencies 或 core competencies)是指学生在 21 世纪应该具备的能够适应个人终身发展和社会发展需要的关键素养。在国际上，核心素养的提出是为了应对 21 世纪的挑战，因此，核心素养也被称为"21 世纪素养"。21 世纪是知识经济时代、信息化时代，社会更加复杂多变，人与人的相互依赖加强且相互竞争加剧。社会变革对教育提出了严峻挑战，教育目标必须升级。在此背景下，自 20 世纪 90 年代以来，一些国际组织与许多国家和地区相继构建与公布了核心素养框架。核心素养就是升级后的教育目标或培养目标。世界范围内的核心素养热潮，是国际教育竞争的集中反映。为了适应国际教育竞争，推进教育内涵发展，我国于 2016 年发布了《中国学生发展核心素养》，为国际社会提供了核心素养的中国版本。2019 年 2 月，中共中央、国务院印发了《中国教育现代化 2035》。该文件提出要"完善教育质量标准体系，制定覆盖全学段、体现世界先进水平、符合不同层次类型教育特点的教育质量标准，明确学生发展核心素养要求"，"建立健全中小学各学科学业质量标准和体质健康标准"。

当前，培育核心素养成为我国中小学教育教学的关键任务。尽管关于核心素养的研究和讨论有很多，但是要把核心素养落实到教与学中去并不容易，需要深入细致的研究。

北京教育科学研究院研究团队非常重视核心素养的研究工作，尤其关注如何把核心素养落实到教与学中去，组织了非常强的研究力量协同攻关，先后承担了 2016 年度北京市教育科学"十三五"规划优先关注课题"学生核心素养培育与基础教育课程教学改革研究"、2016 年度北京市教育委员会委托项目"北京市义务教育阶段学生核心素养标准体系的建构与实施"、2017 年度北京市教育委员会委托项目"北京市义务教育阶段学生核心素养标准体系的实施与诊断反馈"。我和张咏梅研究员共同主持这些课题和项目，团队成员持续开展相关研究。"基于学生发展核心素养的学业标准丛书"就是这些研究的重要成果。

本丛书的主要目标就是通过学业标准的研制让核心素养落地。本丛书所讲的学业标准是指，依据《中国学生发展核心素养》框架和义务教育阶段课程标准，在常规的学校教育条件下，对北京市义务教育阶段各年级学生学习结果应该达到的程度的描述，即学生经历不同阶段的学校教育后应该知道什么、能做什么。学业标准把核心素养分解细化，落实、落细到各年级、各学科，为教师的教和学生的学提供了明确的依据。教师可以依此备课、上课、评课，并依此精准评价学生的发展。

本研究具有扎实的学业标准研究基础。研究团队在 2011—2015 年就研发并出版了义务教育阶段 11 个学科的学业标准，涉及小学语文、数学、英语、品德与社会，以及初中语文、数学、英语、物理、化学、地理、历史。本研究以此为基础，是对各学科学业标准的再度研发与升级改造。再度研发与升级改造的依据就是核心素养，因此，再度研发与升级改造能否成功，关键在于对核心素养的理解是否全面与深刻。这就需要研究团队的每一位成员，尤其是参与学业标准研制的学科教研员与学科教师，对核心素养有深入细致的认识与把握。

本研究突出全面性与系统性，涉及义务教育阶段小学语文、数学、英语、科学、品德与社会，以及初中语文、数学、英语、物理、化学、生物、地理、历史等多个学科，具有较广的覆盖面，可以为义务教育阶段绝大部分学科的教学提供指导，有利于整体推进核心素养在各学科的落地。

本研究注重方法设计，采用质性研究与定量研究相结合的技术路线。质性研究主要采用文献研究法、编码法、访谈法等，定量研究主要采用基于实证数据的问卷调查法、Q分类法、数据分析法等。研究团队通过文献研究、调查研究，确定课程领域、学科层面重点承载的核心素养要点，在此基础上采用多编码方式，将核心素养渗透至领域或学科载体中，探索基于核心素养的学业标准建构模式，并运用基于核心素养的学业标准，探索教学评价示例，推进核心素养在基础教育课程教学改革实践层面的落实。

本研究注重成果的提炼。研究团队高度重视核心素养理论对于各学科学业标准研制的指导作用，在核心素养的理论研究方面做了大量工作，结合中国特点与首都特色，借鉴经济合作与发展组织（OECD）素养遴选项目的所有研究流程，进行了大量的理论梳理与实践研究，贡献出一批在全国很有影响的理论研究成果，在《教育研究》《教育科学研究》《华东师范大学学报（教育科学版）》《中小学管理》《中国教育报》等报刊上发表了研究的理念、内容、方法、结果等方面的专题文章25篇，为义务教育阶段一线教师在日常课堂教学与评价中运用基于核心素养的学业标准提供了实践指南，为在课程教学实践层面落实《中国学生发展核心素养》探索了可借鉴的途径、方法及内容。这些成果主要有《核心素养的国际视野与中国立场——21世纪中国的国民素质提升与教育目标转型》《核心素养的概念与本质》《学生发展核心素养应用路径的实证研究——以北京市义务教育阶段学业标准为载体》《北京市初中科学领域基于核心素养的学业标准实证研究》《基于核心素养中小学语文学业标准的开发》《核心素养统领下，课程教学如何变革》等。

"基于学生发展核心素养的学业标准丛书"在时间上和内容上都在全国居于领先地位。2018年年初，教育部启动了义务教育阶段各学科基于学生发展核心素养的课程标准的研制工作。希望本丛书能对全国性的和区域性的学业标准研制有些许贡献，起到抛砖引玉之效。

本丛书是集体智慧的结晶。北京教育科学研究院评价中心的研究团队与基础教育教学研究中心的研究团队"联合作战"，协同区、县教研中心教研员与骨干教师，共同组成核心研究团队，指导全市各学科教研员与学科教师开展学业标准的研发。评价中心研究团队的成员主要有胡进、田一、李美娟、郭立军、何光峰、郝懿、王家祺等，基础教育教学研究中心研究团队的学科主持人主要有李英杰、贾福录、张鲁静、彭香、顾瑾玉、王彤彦、丁明怡、蒋京丽、秦晓文、黄冬芳、李伏刚、荆林海、高振奋、王耘、张玉峰、乔文军等。在丛书即将付梓之际，向研究团队的每一位成员致以衷心的感谢！

本研究得到了专家咨询团队的大力支持，在此对专家咨询团队成员方中雄、张凤华、耿申、王云峰、贾美华、赵学勤、李卫东、王建平、吴正宪、张立军、刘宇新、康杰、陶昌宏、唐建华、李岩梅、胡玲等表示诚挚的谢意！

最后，感谢北京师范大学出版社对本丛书出版的大力支持，感谢责任编辑为本丛书出版所付出的辛勤劳动！

书中难免存在不足之处，恳望读者不吝指正。

褚宏启

目　录

第一部分 学生发展核心素养培育的理论研究

核心素养的国际视野与中国立场
——21世纪中国的国民素质提升与教育目标转型

褚宏启

核心素养是当前国内外的教育热点话题。本文力图从理论上阐明核心素养的内涵、外延与本质要求，分析核心素养的深层社会背景，阐明核心素养的中国立场，重点阐述核心素养与中国的教育现代化以及国民素质提升的关系，力求揭示核心素养对中国社会变迁的深刻意义和深层价值。

一、核心素养的概念界定

核心素养(key competencies 或 core competencies)这个词引自西方。"key"在英语中有"关键的""必不可少的"等含义。"competencies"可以直译为"胜任力"或者"能力"，但从它所包含的内容看，译成汉语的"素养"更为恰当。在英文文献中，"competency""competence""literacy"几个词常常互换使用或者并列使用，表达的都是相同的含义，都可以译成"素养"，没有必要刻意做出区分，在翻译问题上也不必聚讼不已。

核心素养是21世纪人人都需要具备的关键少数高级行为能力。深入认识核心素养的含义，需要关注以下要点。

(一)素养是行为能力，是行为指向或实践导向的，是知识、技能、态度的统整与融合

素养是知识(knowledge)、技能(skills)、态度(attitudes)的统整与融合，是一整套可以被观察、教授、习得和测量的行为。或者说，素养是完成某一情境工作任务所必需的一系列行为模式，这些行为与绩效表现密切相关。

素养之所以是对知识、技能、态度的统整与融合，是因为素养是人在真实情境中做出某种行为的能力或素质，而任何行为都不是单一维度的知识、技能、态度所能支撑的，需要三者统合方能完成。素养＝(知识＋技能)×态度，即 $C=(K+S)A$。态度是用乘法来连接知识与技能的。若态度为正值，知识与技能皆会产生乘数效应或者放大效应；若态度为负值，知识与技能皆会产生缩小效应甚至出现负面效果。

在素养的"冰山模型"中，知识、技能裸露在水面以上的表层部分，是容易测量的，也是可以通过针对性教育或培训习得的；而态度(内驱力、社会动机、价值观等)则潜藏于水面以下，不易观察和测量。在素养的"洋葱模型"中，最外一层是技能，由外向内依次是技能、知识、态度。越向内层，素养越难以评价与改变；越往外层，素养越相对容易观察与培养。"洋葱模型"与"冰山模型"的本质基本一致。

人存在的样态即行为，即实践。人在实践中生存和发展。人类存在的实践本性意味着，人的本质是由其实践或行为的样态所界定和决定的。这要求教育的本质是提升人的行为能力或者实践素养。可以说，人最重要的素养就是实践素养。对于素养的这种界定，就要求在确定核心素养时，要用"行为能力"或者"能做……"来表述某种核心素养的名称。例如，经济合作与发展组织在陈述核心素养时，将其表述为"能够做……"(the ability to…)。此处的"能力"即行为能力，其含义比技能要宽泛，是知识、技能、态度的复合体。因此，在表述某种素养时，常用"……能力"来表述，如创新能力、合作能力等。

从行为的视角去表述素养、分解素养（把大的行为领域分解为若干小的行为），具有明显优点。

其一，可以使核心素养作为培养目标具有很强的可操作性、可视性，让人能够看得见、抓得住，拉近了远大目标与实际工作的距离，既利于教师在课堂上开展教学，也利于对核心素养的培育结果进行评价。从培养目标实现的角度讲，核心素养应该是可教、可学、可评价的。从行为的视角表述的培养目标，对教、学、评价最为有利。而且，这种评价对行为的评价是综合性评价，已经包含（甚至可以替代）对于知识、技能、态度的单项评价。

从素养的"冰山模型"和"洋葱模型"可知，核心素养相比分科知识具有更强的综合性、情境性、内隐性和适应性等特点，这是造成其评价困难的原因之一。目前欧盟国家中存在的一种思路是将核心素养转化为可观察的外显表现，然后对核心素养开展评价。

其二，素养强调知行合一、学以致用、实践力行，有助于破解现实教育中存在的"知识中心"的弊端，有助于从学生整体发展的视角看待教育问题，破解教学中只见学科知识不见整体人的问题。欧盟的一份报告明确提出，"从知识到素养"是教育改革尤其是课程改革的方向。随着技术的进步，学科知识通过通信技术可以被迅速获取和快捷传送。在此背景下，"人们记忆这类知识的必要性急剧下降"，人们更需要具有"选择、处理和应用"这些知识的素养，"而这恰恰能解释为什么教育领域越来越重视素养的培育而非事实性知识的传授"。

素养的这种特点，对核心素养的语言表述提出了更为规范、严格的要求。应该从行为的视角去清晰表述核心素养，似是而非的表述需要纠正。以此为标准去衡量目前的各种表述，我们会发现一些表述是不规范的。例如，"具有……的知识""有创新的愿望""具备科学精神""积极探索"等，都不是从综合性的行为视角而是从知识或者态度的视角去表述素养的。这样的表述可能会产生负面作用。单一知识视角的表述，可能会使教育教学走上"知识中心"的老路；而单一态度视角的表述，则容易让实际工作者难以把握，"倘漠视素养的表现（即行为表现——引者）之维，必然走向神秘主义的素养观，由此导致素养教育的空泛和虚幻"。

素养是行为能力，对它的表述应该是行为指向的。但这并不意味着不能把行为式的素养从知识、技能、态度三个方面进行分解式说明。例如，欧盟的核心素养框架在对每一个核心素养进行行为导向的界定后，又从知识、技能、态度三个方面进行了分解式说明，让人们看到了素养模型结构中"冰山"或者"洋葱"的全貌。这种分解式说明对于促进核心素养的培育，特别是对于修订课标、修订教材是必要的。

(二)核心素养是 21 世纪的关键少数素养，不是全面素养或者综合素养

顾名思义，核心素养是指"关键的""必要的""重要的"的素养，是居于核心地位的关键少数素养。核心素养不是面面俱到的全面素养或者综合素养。核心素养绝非多多益善。正因为如此，我们需要通过研究遴选出核心素养的条目。

核心素养的提出具有鲜明的时代性。21 世纪的社会不同于农业社会和工业社会，而是以知识经济、信息化为特征的新社会，其更加复杂多变，不确定性更大，要求劳动力有更强的适应变化的能力、解决复杂问题的能力、交流与合作的能力以及使用现代信息技术的能力。核心素养就是在此背景下提出来的。

核心素养是能够促进个人终身发展、社会发展的关键少数素养。经济合作与发展组织对它的界定是"使个人在 21 世纪能够成功生活、能够适应并促进社会进步的为数不多的关键素养"。个人发展意味着个人能有效就业，建立良好的社会关系等；社会进步意味着经济繁荣、文化多样、社会公正与和谐，以及环境可持续发展等。

作为关键少数素养，核心素养能发挥明确的导向作用，指明培养目标的重心和教育改革的重点。在教育目标问题上，核心素养的使命不是解决"全面发展什么"的问题，而是解决"重点发展什么"的问题。

(三)核心素养是高级素养或者高阶素养，不同于基础素养

基础素养是指人们在日常生活、学习、工作中所需要的素养，包括基础性的知识、技能，如基本的读、写、算素养，以及基本的行为规范要求，如学会排队、遵守交通规则、不乱丢垃圾、不随地吐痰、不大声喧哗等。

在21世纪，只具备这些基础素养已经不能适应社会发展的需要了。21世纪要求教育目标的改造升级。例如，欧盟的一份研究报告指出，对于成功的成人而言，掌握读、写、算技能只是"一个必要但不充分的条件"。美国特别强调四个"超级核心素养"，即创新能力、批判性思维、合作能力、交流能力，以超越传统的读、写、算这些基础素养。

核心素养本质上是在一个不确定的复杂情境中解决复杂问题的能力，涉及分析、综合、推理、演绎、归纳和假设等高阶素养（higher-order skills），也涉及自主自觉的行动、错综复杂的沟通交流，"这些都是具有高层次水准心智复杂性的展现"。从这个意义上看，核心素养是21世纪适应个人终身发展和社会发展需要的高级素养。"应试教育"所培养的应试能力，也是一种素养，但绝非高级素养，因为这种能力以"简单记忆""机械记忆"为中心的，而不是以"高阶思维"为中心的。虽然核心素养凸显了团队合作、自我管理等非认知素养的重要性，但这并不意味着认知素养重要性的降低，反而意味着对认知素养的要求越来越高。简单的低阶认知素养已经被计算机所替代，分析、批判、创新等高阶认知素养目前还无法完全被计算机所取代。因此，未来教育应将重心转向高阶认知素养和各种非认知素养的培育。

在核心素养的研究与实践中，一个易犯的错误是把基础素养也看作核心素养，并将其纳入核心素养的清单。尽管核心素养与基础素养层次不同，但都属于人人都需要具备的共同素养（common competencies）。又因为基础素养的确重要，人们往往容易把基础素养列入核心素养之中，导致核心素养的数目过多。这使得核心素养的清单名不符实，使其成为全面素养、综合素质的清单了。

强调核心素养与基础素养的区别，不是否认二者的联系，也不是否认基础素养的重要性。基础素养是核心素养的基础，例如，没有基本的母语、外语的读与写的素养为前提条件，高水平的交流素养就不可能形成。不能因为强调核心素养而在实践中尤其是在基础教育实践中削弱基础素养的培育。

(四)核心素养是人人都需要的高级共同素养，即面向全体国民的国民核心素养，不同于职业素养

核心素养不是人的素养的全部，只是素养谱系中的一部分。人需要具备两类素养：一类是人人都需要具备的共同素养，另一类是从事某种具体职业需要具备的专门素养(或称职业素养、专业素养)。

2015年，联合国教科文组织发布《反思教育》报告，提出所有青年都要具备三类素养。一是基础素养，指日常生活所需的素养，如基本的读、写、算，遵守交通规则，不随地吐痰，不乱丢垃圾等。二是可迁移素养，指可以迁移和适应不同工作需求及环境的素养，包括"分析问题，找到适当的解决办法，有效地交流思想和信息，具有创造力，体现出领导能力和责任感，以及展示出创业能力"。三是职业素养，指特定职业所需的专门素养。例如，医生、建筑师、会计、教师等特定职业具有不同的职业要求与专业标准，相互之间有很大差别，不可彼此替代。

此处的基础素养和可迁移素养属于人人都要具备的共同素养，而职业素养则属于专门素养。其中，可迁移素养即为核心素养，它超越了某一具体的职业领域，是不同行业的从业人员都应该具备的素养。核心素养并不否定其他素养的重要性，不企图取代其他特定领域所需的特定素养或职业素养。在就业竞争加剧、职业变换加快的21世纪，一个人只具备基础素养和职业素养是不够的，必须具有可迁移素养。可迁移素养实为职业适应素养，可以大大提升一个人在劳动力市场上的适应能力。

正是在此意义上，核心素养也被称为共同性素养、跨界素养、非学科素养。此处的跨界不是说这些素养是不同学科"之中""之间"的共同要素，而是指在各学科"之上""之外"的可以用于其他社会场域和职业领域的素养。这种素养具有可迁移性和灵活性，是一个人在急剧变化的环境中成功行动的无价之宝。这种素养主要包括沟通、问题解决、理性思维、领导力、创新、主动性、团队合作、学习能力等。

核心素养并不只是学生才需具备的素养，而是21世纪人人都需要具备的高级共同素养，即全民的国民核心素养。可以说，核心素养是适用于一切情境、一切人的 21 世纪素养，是关键少数高级行为素养。因此，培育核心素养，不仅是各级各类教育的重要目标，而且是一个人一生的事情。可以说，培育核心素养，既是教育工程，也是社会工程；不仅教育要为此做出贡献，而且社会的制度安排与文化建设都应该为此做出贡献。

二、核心素养的国际视野

20 世纪 90 年代以来，核心素养成为全球范围内教育政策、教育实践、教育研究领域的重要议题。国际组织与许多国家和地区相继构建核心素养框架。世界范围内的核心素养热潮实质上是教育质量的升级运动，是国际教育竞争的集中反映。

(一)国际上核心素养的提出，是为了应对 21 世纪的挑战

知识经济是建立在知识的生产、分配和使用之上的经济。知识经济进一步强化了科技创新对于经济发展的重要性，要求教育把培养学生的创新能力放在突出甚至首要位置。信息化极大地改变了人们的工作方式和生活方式。在信息时代，知识和信息呈爆炸性增长，以知识记忆为主要特征的教育明显滞后于时代发展。高水平的"信息素养"，即高效获取、甄别、运用信息的能力，在就业竞争中变得更为重要。

知识经济、信息化等都对劳动力市场产生了根本性影响。全球范围内新兴产业的崛起、传统产业的衰落所带来的产业结构调整，导致跨地域、跨行业的职业流动增加。21 世纪的劳动者只掌握一种专门职业技能将很难适应职业变化的形势。在此背景下，职业适应素养即跨界的核心素养，如创新能力、信息素养、合作能力等更加受到重视。

经济发展和劳动力市场的变化在教育上产生倒逼效应，促使教育发生变革。这是核心素养研究与实践背后的深层经济社会背景。在经济合作与发展组织于 1997 年正式启动核心素养研究之前，一些国家就对劳动力素质展开了调研，实际上已经拉开了核心素养研究的序幕。例如，英国产业联盟在 1989 年发表了《通向技能革命》报告。美国劳工部在 1991 年发布了《职场对学校教育的要求》报告，在 1997 年又发布了《为未来做准备：成人素养和终身学习的

改革议程》报告。澳大利亚在 1991 年发布了《青年人于义务教育后的继续教育与培训参与》报告，强调"与就业有关的核心素养"；在此基础上于 1992 年发布了《核心素养》研究报告，指出青年人为"有效参与新兴工作"需要具备 7 项核心素养。这些国家的报告都强调人际交往素养、合作素养、信息素养、思维素养、问题解决能力、责任感、自我管理等，这些方面就是后来国际组织和多国所强调的核心素养。

一些国际组织充分接受各国诉求，组织成员开展协作研究，并统筹推进教育改革，在核心素养的推进中发挥了重要作用。1996 年，经济合作与发展组织发布了《以知识为基础的经济》报告，首次使用"知识经济"这一概念；1997 年，该组织启动了"素养的界定与遴选"（Definition and Selection of Competencies，DeSeCo）研究项目，在 2003 年出版了最终研究报告《核心素养促进成功的生活和健全的社会》，在 2005 年发布了《核心素养的界定与遴选：行动纲要》。欧盟一研究小组在 2002 年发布了《知识经济时代的核心素养》研究报告。2006 年，欧洲议会和欧盟理事会通过了关于核心素养的建议案《以核心素养促进终身学习》，标志着 8 项核心素养最终版本的正式发布。2010 年，欧盟理事会与欧盟委员会联合发布了《面向变化中的世界的核心素养》报告。

一些国家在借鉴国际组织和他国经验的基础上，研发公布了本国核心素养框架。例如，2002 年，美国成立了"21 世纪素养合作组织"。该组织制定了"21 世纪素养框架"，于 2007 年发布了"21 世纪素养框架"的更新版本。新西兰于 2005 年公布了包含 4 种核心素养的框架。法国于 2006 年发布了 7 个核心素养。新加坡于 2010 年颁布了"21 世纪素养"。日本于 2013 年提出了"21 世纪能力框架"。这些框架无不体现了为应对 21 世纪的挑战，各国对于新的人才观、教育质量观的呼唤。

（二）尽管框架结构、分类方式有别，国外诸多核心素养的清单实质内容大同小异

迄今为止，国际上已经出现了诸多核心素养框架。经济合作与发展组织、欧盟的核心素养框架影响较大，成为诸多国家的核心素养基石。例如，新西兰的核心素养框架就是典型的经济合作与发展组织核心素养框架的变种，二者相似度极高；法国的核心素养框架则是欧盟核心素养框架的翻版。当然，也有一些国家"另起炉灶"，如美国、日本、新加坡等，但也深受国际组织的影响。

一些国际组织、诸多国家和地区的核心素养框架，尽管在分类上差异较大，但深究这些框架分类之下的素养细目，我们就会发现其大同小异，相似率很高，共识性很强。因为这些国际组织、国家和地区都是以 21 世纪为背景去选择关键少数素养的。各国面临的挑战具有共通性和共同性，所以核心素养的内容也具有趋同性。

一跨国研究团队于 2009 年启动了跨国研究项目——21 世纪素养的评价与教学项目（Assessment and Teaching of 21st Century Skills Project），在对 12 个核心素养框架进行比较分析的基础上，于 2012 年提出了一个共识性框架。此框架包括 10 个方面的素养：创造与创新，批判性思维、问题解决能力、决策能力，学会学习、元认知，交流能力，合作能力（团队工作），信息素养，信息与通信技术素养，公民素养（地方性与世界性），生活与职业生涯素养，个人责任与社会责任。

中国一研究团队在梳理全球 29 个核心素养框架中的素养条目的基础上，得出 9 项超越特定领域的通用素养：高阶认知方面包括批判性思维、创造性与问题解决、学会学习与终身学习；个人成长方面包括自我认识与自我调控、人生规划与幸福生活；社会性发展方面包括沟通与合作、领导力、跨文化与国际理解、公民责任与社会参与。

综合国际上诸多核心素养的框架清单可以发现，创新素养、批判性思维、问题解决能力、学习能力、社会与公民素养、交流与合作能力、自我发展与自我管理、信息素养等是被共同强调的。各方普遍认为，只有具备了这些核心素养，个人才能够具有足够的灵活性、适应性和竞争力，才能够更好地应对 21 世纪的挑战。

（三）国际上核心素养的提出，反映了资本观的变化，是功利主义和人道主义的统一

核心素养的提出，显示出在 21 世纪经济发展中人力资本相对于物质资本的重要性。21世纪的经济形态和经济增长对人力资本提出了更高的要求。知识经济时代要求劳动力更新知识和技能，实现人力资本的升级，具有核心素养。

知识经济使得知识资本的价值凸显。知识资本是经济发展到一定阶段的产物，是知识经济时代组织赖以生存和发展的根本动力。随着知识经济时代的到来，企业的核心竞争力逐渐从物质资产演变为由一系列技术、规则、文化等组成的非物质资产，并最终追溯到与人力资产密切相关的知识、技能和观念等知识资本上。对于知识资本的积累，不论是个体层面，还是组织、社会层面，都需要以知识创新、知识积累为前提，这就凸显了创新能力、批判性思维、问题解决能力等核心素养的重要性。

从社会学角度来看，作为非物质资本的社会资本与物质资本、人力资本一样，也可以给个体和社会带来收益。它存在于社会结构之中，是无形的，可以通过人与人之间的合作来提高社会的效率和社会整合度。社会资本可以促进就业，也可以助推科技创新。社会资本的重要性，决定了一个人具有交流能力、合作能力、自我管理能力、社会与公民素养、信息素养等核心素养的重要性。在信息社会，信息素养对于提升社会资本存量的作用大大增加。

因此，从资本观的视角可以发现，核心素养的作用并不只体现在个体层面，它还具有很大的经济价值和社会意义。在知识社会中人人都需要拥有核心素养。它通过提高个体的灵活性、适应性、满意度和内在动力，对劳动力市场、社会和谐、积极承担公民角色做出增值性贡献。核心素养还是提升创造性、生产率、竞争力的主要影响因素。

无疑，核心素养的提出、资本观的变化，或者说资本本身的变化，不论对个人还是对社会，都具有强烈的功利主义色彩，但同时也具有人道主义或者人文主义的关怀，是社会本位与个体本位的平衡，是工具合理性与价值合理性的统一。

核心素养与美好生活、美好社会有密切的内在关系。拥有核心素养是个人在21世纪过上美好生活的关键，是社会美好和谐的关键。

三、核心素养的中国立场

在核心素养问题上，中国必须有以"我"为主的主体性表达。核心素养的"中国立场"不能缺失，更不能丧失，要凸显中国核心素养研究与政策的主体意识。

(一)核心素养框架要反映国家现代化和人的现代化的需要，要促进中国国民素质的提升

要跳出教育看核心素养，把核心素养放在中国社会变迁和社会转型的大背景下思考其必要性与可能性。要把核心素养与国家现代化、人的现代化等重要话题进行贯通思考。不能只从教育的视角看核心素养，要看到核心素养所具有的深刻的社会内涵与社会价值。

在新的国际国内背景下，提升国民素质、培养创新人才成为中国教育的重要使命，也是中国教育现代化的主旨性要求。提升国民素质、培养创新人才，在本质上是人的现代化的问题。

要实现国家现代化，必须以人的现代化为基础。现代化学者英克尔斯(Inkeles)和史密斯(Smith)指出："在发展过程中一个基本的因素是个人，除非国民是现代的，否则一个国家就不是现代的。在任何情况下，除非在经济以及各种机构工作的人民具有某种程度的现代性，否则我们怀疑这个国家的经济会有高的生产力，或者它的政治与行政机构会很有效率。"在中国，教育现代化的重要使命就是要培养具有民主法治精神、科学理性精神、自主乐观、进取创新的现代人。衡量中国教育现代化水平的根本尺度，是看所培养的人是否是现代人，是否具有现代的精神气质。教育现代化的最后归宿或者根本目标是人的现代化。

进入21世纪，人的现代化应该体现出21世纪的要求，充分反映知识经济、信息化等对人的素质的要求。而核心素养恰恰集中体现了21世纪对人的素质的要求。因此，核心素养是21世纪人的现代性的具体表现。

经过国际比较研究和综合分析，在借鉴2016年9月发布的《中国学生发展核心素养》研究成果的基础上，本文重点强调"创新能力""批判性思维""公民

素养""合作与交流能力""自主发展能力""信息素养"这六种核心素养。它们是中国 21 世纪现代人素养的清单，为国民素质提升指明了基本方向；是中国学生亟待发展的重点素质，是深化素质教育的优先选项，为推进教育现代化确定了战略重点。

这一清单看上去与发达经济体(包括经济合作与发展组织、欧盟、一些发达国家和地区)所提出的核心素养清单非常相似，这反映了各方对于国民核心素养的共性要求；同时，它也反映了关于核心素养的中国立场与本土要求。

第一，这一清单的确反映了 21 世纪中国现代化与人的现代化的"内在需要"，并不是跟在发达经济体后面亦步亦趋，而是针对中国国家发展、国民素质、教育目标中存在的突出问题提出来的。例如，即便有些核心素养如创新能力与发达经济体完全一样，但作为发展中国家，中国创新能力不足，创新人才匮乏，因此对于创新能力、创新人才的需求更加迫切，且中国培养创新人才的任务因为种种障碍的存在更为艰巨，这些与发达经济体显然不同。

第二，这一清单没有因为中国是发展中国家而自我矮化、降低要求，缩减核心素养的内容范围，降低某种核心素养的要求，而是站在国际核心素养研究、实践与政策的制高点上立足长远，进行顶层设计，对自身提出高期待、严要求，具有时代性、前瞻性和国际视野，有助于缩小中国与发达经济体的核心素养差距。

因此，我们赋予上述核心素养重要历史使命与社会价值。可以说，核心素养是 21 世纪中国人过上美好生活的重要基础，也是国家发展、民族复兴的重要基础。核心素养的中国立场是正视自身问题、具有国际视野的立场，更是不甘落后、追求卓越的立场。

(二)核心素养的内涵与外延要充分反映创新、理性、民主、合作、自主等现代精神，要充分回应 21 世纪对于中国国民素质(包括学生素质)的严峻挑战

针对六个核心素养的具体内容进行具体阐释，可以看出核心素养与 21 世纪、与人的现代化、与教育现代化的内在联系。

第一，创新能力。它是创新精神的外在行为表现，具体要求是：能突破常规，提出与众不同的新想法、新方案；能与他人有效交流自己的新想法；

能自己或与他人一起分析、评估、修正新想法；尝试以新的方式做事，把有创意的想法付诸行动，并为改进实践做出实际贡献；鼓励和支持创新，理解创新的长期性、艰巨性和复杂性，善于从错误中自我学习，能够为他人创新提供支持条件。

第二，批判性思维。它是科学精神、理性精神的外在行为表现，具体要求是：能在复杂、模糊的情境中识别、界定问题，抓住问题的实质；有效辨识、评估、比较与问题有关的各种已有知识和信息的合理性程度；提出解决问题的假设与方案，并通过调研获取证据和数据，在此基础上不断质疑和修正原有设想，审慎得出结论、做出决策，运用择优方案解决问题；适当运用归纳推理、演绎推理进行有效率的思考，能把握整体进行系统思维；批判性地反思学习、工作的流程，反思自己的思维过程，并持续改进。简言之，批判性思维是运用科学方法、理性思维，发现、分析、解决问题的素养，是科学精神的集中体现，是高级思维素养。

第三，公民素养。它是民主精神、法治精神的外在行为表现，具体要求是：积极参与社会公共事务，积极投身公共服务工作，履行公民义务，承担社会责任，维护公共利益；具有民主精神和民主能力，建设性地参与到各种层次的民主决策和选举活动中；学习和遵守法律，维护法律尊严，依法维护自己与他人的权利；认同国民身份，自觉维护国家主权、尊严和利益；具有责任感与包容性，尊重世界文化的多样性和差异性，通过多种方式积极参与国际层面的公共事务，积极参与跨文化交流与国际交流。

第四，合作与交流能力。它是合作精神的外在行为表现，具体要求是：能够运用口头、书面和其他方式（如肢体语言）进行沟通，清晰明确地表达自己的观点，认真聆听并理解他人的观点；与他人建立良好的关系，能够换位思考，尊重、包容他人的思想观点和价值观，有效管控自己的情绪；善于进行团队合作，在团队工作中有效率、重质量，并通过创新性的想法和行为发挥引领作用；能有效化解冲突与矛盾，能够识别分歧，对问题进行优先性排序，必要时通过协商求同存异、建立互信，富有建设性地协作，实现共识性目标；能够及时交流合作进展情况，分析经验教训及目标达成度，协商制定今后的改进措施。

第五，自主发展能力。它是主体性（积极性、自主性、创造性）的外在行为表现，具体要求是：自尊自信，相信天生我材必有用；能正确认识和评价自己，了解自己的优势与不足，了解外部的机遇与挑战，积极预测，抓住机遇，确定未来目标，制订个人规划和计划；具有较强的适应性与灵活性，能适应不同的角色和工作，能应对不断变化的外部环境，负责任地做出决策，及时调整个人目标、规划和计划；具有主动性，能做好目标管理和时间管理，有效平衡长期目标和短期目标，处理好战略和战术的关系；积极应对压力和挫折，有自制力和意志力，为达成重要目标付出努力，坚持不懈；能自主学习、终身学习，不断改进学习方式，持续提升个人素养，创造性地解决人生中的各种疑难问题。

第六，信息素养，也称数字化素养。它是信息化时代技术素养的集中体现，总体要求是：能使用信息社会中的多种媒体和技术，促进问题解决、合作交流、自主发展，改善学习方式、工作方式、生活方式。具体行为要求是：能高效地获取和存储信息，能合理地、批判性地甄别信息，能够负责任地管理信息与交流信息，能恰当运用信息解决问题；能有效利用科技手段，选择恰当的媒体工具创作媒体作品。严格来讲，信息素养是交流素养的一个方面，属于 21 世纪信息化社会交流素养的特殊要求。

上述核心素养清单，是创新、理性、民主、合作、自主等精神的外显行为表现，是针对大中小学学生素质的短板提出来的，反映了国际国内社会发展的客观要求，反映了 21 世纪中国人的现代化的内在要求。核心素养的 6 个要点，既体现了国家民族的长远利益和根本利益，也体现了个体的长远利益和根本利益。核心素养是对三维目标、全面发展、综合素质等的聚焦强化和升级转型，为教育教学改革提供了重点更突出、焦点更集中的教育目标，为转变学生学习方式、教师教学方式、政府和学校的管理方式指明了方向。

(三)核心素养的核心是创新能力，培养创新人才是中国教育的首要目标，是中国教育现代化的首要任务

核心素养在数量上越少越好，不是多多益善。核心素养可以进一步聚焦。

美国的核心素养分为 3 类 11 项。第一类是"学习与创新素养"，包括批判性思维和问题解决能力、创造性和创新能力、交流与合作能力；第二类是"信息、媒体与技术素养"，包括信息素养、媒体素养、信息与通信技术素养；第三类是"生活与职业素养"，包括灵活性和适应性、主动性和自我指导、社会和跨文化技能、工作效率和胜任工作的能力、领导力和责任感。根据重要性的不同，这 11 项核心素养又被聚焦为 4 项：批判性思维和问题解决能力、创造性和创新能力、交流能力、合作能力。这 4 项核心素养被认为是重要的 21 世纪素养，被美国人称为 21 世纪"超级素养"。

借鉴这种思路，我们可以把前文所列的 6 种核心素养聚焦为两种，即创新能力、合作能力。创新能力是智慧的集中体现，意味着"聪明的脑"；合作能力是情商的集中体现，意味着"温暖的心"。另外，创新能力和合作能力具有很强的统领、概括作用，在逻辑上可以把其他 4 种素养统摄在内。例如，合作能力可以把公民素养、交流能力、自我发展能力中的自我管理等素养统帅起来，因为一个合作能力强的人，往往公民素养不会差，交流能力(包括运用信息技术进行交流的能力即信息素养)不会差，自我管理能力也不会差。

在核心素养中，最重要的或者说"核心素养的核心"是创新能力，原因有三。

其一，从理论逻辑上看，从人的发展方面看，创新能力是一种综合性、涵盖性很强的核心素养。创新能力可以把批判性思维、自主发展素养覆盖起来。批判性思维是创新能力的前提，创新能力把批判性思维包含在内。创新能力强是主体性(积极性、自主性、创造性)强的集中体现，故创新能力强的人，其自主性亦强。创新能力甚至可以把合作与交流能力、信息素养统摄起来，因为创新特别是重要创新，需要团队合作、充分交流、互相启发并充分运用信息技术才能完成，而个体单打独斗很难完成创新。简言之，创新能力是核心素养的最集中体现和巅峰表现。

其二，从国家发展方面看，培养创新能力是提升国家竞争力的需要，是国家发展新理念的要求。创新能力已经成为制约核心竞争力的关键因素。党的十八届五中全会提出五个发展新理念，把"创新发展"排在首位。习近平总书记明确提出："我们必须把创新作为引领发展的第一动力，把人才作为支撑发展的第一资源，把创新摆在国家发展全局的核心位置。"对于教育领域而言，培养创新能力是对创新发展理念的最直接、最深刻的回应。

其三，从教育发展方面看，培养创新能力是实现中国教育目标转型升级的关键表现，是深化教育改革、提高教育质量的战略选择。中国学生的创新能力不足，不能满足国家发展和学生个体发展的需求。当前，中国教育工作处于一个关键的历史节点上，需要由"以培养应试技能为中心"转向"以培养创新能力为中心"。这一工作重心的转移，对于实现中华民族伟大复兴意义重大。在教育领域，创新能力培养具有强大的引领作用和关联效应，会拉动课程教材、学习方式、教学方式、管理方式的整体改革，会引发中国教育发展方式的系统变革。

总之，创新能力是人作为有理性、能思维的动物的本质体现，是推动个人发展与国家发展、提升国际竞争力的最重要的素养，是"核心素养的核心"。培养学生的创新能力，是21世纪中国教育的工作重心，是中国教育现代化的核心使命。

参考文献

[1]林崇德.21世纪学生发展核心素养研究[M].北京：北京师范大学出版社，2016.

[2]Joke，V.，Natalie，P. R. A Comparative Analysis of International Frameworks for 21st Century Competences：Implications for International Curriculum Policies[J].Journal of Curriculum Studies，2012(3).

[3]Mirabile，R. J. Everything You Wanted to Know about Competency Modeling[J]. Training & Development，1997(8).

[4]Woodruffe，C. Competent by Any Other Name[J]. Personnel Management，1991(9).

[5]刘新阳，裴新宁.教育变革期的政策机遇与挑战——欧盟"核心素养"的实施与评价[J].全球教育展望，2014(4).

［6］张华．论核心素养的内涵［J］．全球教育展望，2016(4).

［7］OECD. The Definition and Selection of Key Competencies：Executive Summary［EB/OL］.［2005-05-27］. http：//www. oecd. org/pisa/35070367. pdf.

［8］滕珺．21 世纪核心素养：国际认知及本土反思［J］．教师教育学报，2016(4).

［9］师曼，刘晟，刘霞，等．21 世纪核心素养的框架及要素研究［J］．华东师范大学学报（教育科学版），2016(3).

［10］［美］阿列克斯·英克尔斯，戴维·H. 史密斯．从传统人到现代人——六个发展中国家中的个人变化［M］．顾昕，译．北京：中国人民大学出版社，1992.

［11］褚宏启．核心素养的概念与本质［J］．华东师范大学学报（教育科学版），2016(1).

［12］习近平．在党的十八届五中全会第二次全体会议上的讲话［N］．人民日报，2016-01-01.

基于德尔菲法的基础教育阶段学生
核心素养要素研究
——以北京市为例

田一、褚宏启、张咏梅、郝懿

学生发展核心素养主要是指学生应具备的能够适应个人终身发展和社会发展需要的必备品格和关键能力。核心素养是知识、技能和态度等的综合表现，是 21 世纪人人都需要具备的关键少数高级行为能力。自 20 世纪 90 年代以来，核心素养成为全球范围内教育政策、教育实践、教育研究领域的重要议题。为应对 21 世纪的变化与挑战，国际组织与许多教育发达国家和地区相继研究建立核心素养框架。框架的建立引导了全球或区域教育改革走向，对各国教育质量观的确立、课程方案与质量标准开发、教师专业化发展、学校教育改革、教育质量评价正产生着深刻的影响。

一、研究背景与目的

对全球核心素养最有影响力的系统研究可追溯至 20 世纪末经济合作与发展组织启动的"素养的界定与遴选"项目，以反思力为核心，将未来公民应具备的核心素养划分为能互动地使用工具、能自主行动和能在社会异质团体中互动三方面，并将其概括为人与工具、人与自我、人与社会。当前，此框架已成为许多国家核心素养的基石。美国、法国、芬兰、新加坡等教育发达国家和地区也陆续开展以面向未来、以终身学习与发展为主线的核心素养框架研究，并以此为根本来指导区域的教育改革。

从国际范围来看，相比较而言，国际组织、诸多国家和地区的核心素养框架虽然在价值取向上存在差异，但均是以 21 世纪为背景进行选择的，在框架构成与要素方面呈现出较大的共同性。2012 年，宾克利（Binkley）等人在跨国研究项目"21世纪素养的评价与教学"中，在对12个核心素养框架进行比较分析的基础上提出了共识性框架，包括创造与创新，批判性思维、问题解决能力、决策能力，学会学习、元认知，交流能力，合作能力（团队工作），信息素养，信息与通信技术素养，公民素养（地方性与世界性），生活与职业生涯素养，个人责任与社会责任。

我国学者黄四林等人在整理、分析、比较13个国际组织、世界主要国家和地区核心素养框架与指标的基础上，将核心素养体系归纳为与文化知识学习、自我发展和社会参与有关的素养三大领域，认为多数国家和地区强调沟通交流能力、团队合作、信息技术素养、语言能力、数学素养、自主发展、问题解决与实践探索能力等核心素养，反映了社会经济与科技发展最新要求的同时，兼顾跨学科与学科指向的核心素养。师曼等人则在梳理全球29个核心素养框架中的素养条目的基础上，得出了9项超越特定领域的通用素养：高阶认知方面包括批判性思维、创造性与问题解决、学会学习与终身学习；个人成长方面包括自我认识与自我调控、人生规划与幸福生活；社会性发展方面包括沟通与合作、领导力、跨文化与国际理解、公民责任与社会参与。

北京师范大学于2012年承担了教育部重大攻坚项目"我国基础教育和高等教育阶段学生核心素养研究"，采用了焦点团体访谈、个别化访谈与问卷调查相结合的方式，对代表10类社会群体的608名有影响力的专家人士进行了意见调查与征询。2016年9月，《中国学生发展核心素养》发布，以科学性、时代性和民族性为基本原则，以培养"全面发展的人"为核心，分为文化基础、自主发展、社会参与三个方面，提出人文底蕴、科学精神、学会学习、健康生活、责任担当、实践创新六大素养，具体细化为国家认同等18个基本要点。

中国学生发展核心素养框架的提出对于我国基础教育阶段的教学评价研究具有重要的导向意义。综合国际经验，依据首都北京"全国政治中心、文化中心、国际交往中心、科技创新中心"（《京津冀协同发展规划纲要》）的城市功能新定位，北京所需人才的核心素养与中国学生发展核心素养框架所提及的要点相比，仍有三个问题有待深入明晰。第一，从培养目标指向来说，是聚焦"重点发展的人"还是"全面发展的人"？无论是从促进学生适性发展的视角看还是从减轻负担的视角看，北京都更侧重前者即强调重点性。第二，从历史发展轨迹来说，是凸显 21 世纪、国家现代化对于人才的"特殊需求"，还是延续各个时代对于人才的"共同需求"？在当前时期，北京更侧重前者即强调时代性。第三，从社会需要指向来说，是着重基本素养、基础素养还是少数的高级素养、跨界素养？作为中国经济与教育的发达地区，北京更应侧重后者即强调少数的高级素养与跨界素养。

基于上述背景，本研究的目的是，借鉴国内外核心素养指标体系的建构经验，运用德尔菲法，从北京市城市功能定位即北京市对未来人才需求的角度入手，开展北京市基础教育阶段学生核心素养要素研究，以求为北京市基础教育教学评价改革提供更为明确有效的指向。

二、研究设计与方法

(一)研究设计

采用自下而上的研究设计思路，即在广泛地征求公众和专业人士意见的基础上，提炼北京市基础教育阶段的核心素养要素。

(二)研究方法

德尔菲法，即通过采用一种系统化、结构化的程序，从而获得特定专家群体关于某主题或问题较为深入一致的观点，并以此为依据做出相关政策与实践决策的方法。基于对实用与实效的追求，发展至今的德尔菲法包括 4 个共同特征：采用专家匿名发表意见的方式进行；专家数量为 10～20 位；大多需要进行 3～4 轮，对每轮的专家观点进行整理后再寄回；同时利用质性与量化的数据。这种方法避免了参与者遵从地位或年龄相近的人组成的群体的意见，也排除了参与者公开反对权威的困难，排除了组织者的干扰与影响。问卷是德尔菲法采用的传统的数据收集工具之一，包括开放式与封闭式两种类型。问题的开放或封闭程度依赖于参与者对主题业已了解的程度。

文本分析法，即从文本的表层深入文本的深层，从而发现那些不能为普通阅读所把握的深层意义，是对信息特征系统、客观、量化的分析。《文本和话语分析方法》一书列出了 12 种文本分析方法，将内容分析和话语分析均纳入其中。传统的分析方法即将文本中的相关描述进行归类，得出专家所表述的核心词汇，从而总结出不同专家在同一指标表述上的共同点，然后对文本中的某些关键词进行词频统计，重在描述文本中的某些规律性现象或特点。

层次分析法用来确定该框架体系中各指标的权重，让复杂的决策思维过程通过模型实现数量化的表达。

(三)研究过程

1. 选择专家群体

选择来自教育、心理、医学、生物、航天、金融、公安、通信、体育等行业的 11 位专家，代表专业人士群体参与研究。专家的平均年龄为 55.7 岁，工作年限在 21 年以上，拥有正高级职称，处于高级管理岗位 5 年以上。专家不仅在工作领域建树丰硕，且具有丰富的人才管理经验。

就专家积极系数[①]来说，本研究调查问卷的回收率为 100%，表明专家积极性非常高。就专家权威程度[②]来说，基于改良的赋值表分析可得，3 名专家的权威程度系数大于等于 0.9，4 名专家的权威程度系数为 0.8~0.9，3 名专家的权威程度系数为 0.7~0.8，只有 1 名专家的权威程度系数为 0.6~0.7，11 名专家权威程度系数的均值为 0.76。一般认为，专家权威程度系数大于等于 0.7 即可接受。本研究的专家团队符合德尔菲法的研究要求。

2. 编制研究工具并实施研究

研究参照国际上对德尔菲法研究过程的标准化环节，采用匿名方式分 4 轮函询征求专家的意见。针对核心研究问题"对于北京市基础教育阶段学生而言，要适应未来社会并促进自我发展，需要具备哪些核心素养"，德尔菲法主要以问卷调查法为主，包括 4 轮的研究过程。4 轮的问卷调查内容，包括开放性和封闭性两种题目，在实施过程中有所侧重。随着轮次的推进，以及专家

---

① 积极系数，主要表现为调查问卷的回收率和每个问题的应答率，可以反映专家对该研究项目的关注和了解程度。一般认为，50%的回收率是调查问卷用于分析和报告的基本率，60%的回收率较好，70%以上则非常好。

② 通过专家自评的方式调查了专家的权威程度。影响专家权威程度的因素有两个：专家对方案做出判断的依据和专家对问题的熟悉程度。专家权威程度系数为两者的算术平均值。

了解的深入，封闭性题目逐渐增加。如表 1-2-1 所示。

表 1-2-1　德尔菲法实施过程表

轮次	主要任务	工具构成	阅读资料	实施过程	资料整理
第一轮	提出核心素养指标并撰写内涵	调查问卷由三道题目构成，采用开放的作答方式。请专家仔细考虑"对于北京市基础教育阶段学生而言，要适应未来社会并促进自我发展，需要具备哪些核心素养"（限 10 项以内），要求写出各个核心素养的名称、具体内涵和外延，最后就核心素养的重要性程度进行等级评分。	由两类构成：一是关于核心素养的概念界定；二是关于已有框架及要点的文献，包括中国学生发展核心素养框架要点、国际组织核心素养研究要点、其他国家核心素养研究要点等。	将调查问卷和阅读材料纸质版邮寄给专家，或者用电子邮箱发送，请专家单独作答，要求专家先阅读资料，再完成问卷调查。	通过文本分析，对由专家提出的核心素养指标进行整合，提炼核心素养指标和关键词，准备第二轮调查问卷。
第二轮	判断并整理核心素养指标和关键词	采用半开放的作答方式，请专家对提炼的指标和关键词进行判断、整理。如果认可该指标，则进行重要性程度（1~5 分）评分（1 分表示很不重要，5 分表示很重要），并给出内涵描述。如果不认可该指标，请删除、修改或整合，并说明理由。	主要包括对第一轮专家意见的文本分析过程和结果解读，以及形成的第二轮调查指标的内涵。	将调查问卷和阅读材料纸质版邮寄给专家，或者用电子邮箱发送，请专家单独作答，要求专家先阅读资料，再完成问卷调查。	对第二轮专家反馈的意见进行文本分析，再度提炼指标，初步形成核心素养指标和内涵，编制第三轮调查问卷。

续表

轮次	主要任务	工具构成	阅读资料	实施过程	资料整理
第三轮	对形成的指标和内涵进行判断	采用半开放的作答方式。每位专家都有自己的调查问卷。这些问卷主要提供上一轮个人和小组的意见，请专家参考第二轮结果再次进行重要性程度评分，并对内涵进行补充，最后对所有指标进行排序，提出整合意见。	主要包括对第二轮专家意见的文本分析过程和结果解读，以及形成的第三轮调查指标的内涵。	将调查问卷和阅读材料纸质版邮寄给专家，或者用电子邮箱发送，请专用单独作答，要求专家先阅读资料，再完成问卷调查。	对第三轮专家反馈的意见进行文本分析，再度提炼指标，初步形成核心素养指标和内涵，编制第四轮调查问卷。
第四轮	对整合的指标和内涵进行最终判断	调查问卷包括三部分，采用结构化的作答方式。第一部分提供最终的指标内涵和具体表现，请专家参考上一轮个人和小组评分进行重要性程度评分。第二部分对各指标的重要性程度进行两两比较，请专家做出判断。第三部分请专家最后思考这些指标的内涵是否足够清楚，是否还有不同意见。	主要包括对第三轮专家意见的文本分析过程和结果解读，以及形成的最终指标的内涵。	请专家参考上一轮结果进行最终的重要性程度评分，并对所有指标进行两两比较，最后提出补充意见。	对4轮结果进行梳理，并采用面对面工作坊形式确定最终指标。

从 2016 年 11 月 23 日开始发放第一轮专家调查问卷，截至 2017 年 4 月 12 日，研究共经历了 4 轮调查，每轮的专家作答时间为一周。经过每一轮问卷的收集与整理、文本分析与解读、讨论与修改、反馈与再咨询，最终专家意

见趋于较为一致。

(四)数据分析

数据分析以文本分析法为主，辅以描述性统计方法。

使用 NVivo 10.0 进行文本分析；使用 SPSS 20.0 计算等级均值、标准差和变异系数，其中，均值表示专家对该项目的认可程度，标准差是专家判定的离散程度，变异系数表明专家意见的波动程度；采用层次分析法计算最终各项指标的权重。

三、研究结果与结论

(一)初步提取包容、创新等 22 项核心素养指标

第一轮围绕北京市基础教育阶段学生应该具备的核心素养进行调查，请专家列出核心素养的名称及相应的内涵与外延。其中，内涵描述主要应用于对核心素养指标的析出。

首先，采用编码法对文本进行分析，经历自由编码、深度编码、多人编码的过程后，将 363 个与素养有关的高频词按照内涵归类形成 43 个词汇，经过讨论、提炼，初步形成 22 个更具概括力的词汇及可表征其典型行为的相关词汇(这些词汇来源于文本资料)，并形成编码手册。例如，有专家提出"学习的能力"核心素养，并阐述为"保持对新鲜事物的好奇与探究的心态"，即编码为"好奇"和"探究"。有专家提出"审辩式思维"，并阐述为"不是仅仅质疑他人，而是'双向质疑'，既质疑他人，又质疑自己"，即编码为"质疑"。

然后，邀请 7 位研究人员依据编码手册，对文本再次进行编码。数据分析结果表明，多人编码的一致性系数为 0.80，达到较高的认同程度。粗略形成由 22 个指标构成的北京市基础教育阶段学生核心素养指标(按照首字拼音排序)：包容、创新、道德、公民、规则、国际、国家、合作、交往、解决问题、科学、可持续、理想信念、人文、审美、实践、思维、信息化、学习、责任、珍爱生命、自我，及表征其典型行为的相关词汇表。例如，"创新"指标的相关词汇表包括好奇心、想象力、机会意识、挑战权威、探索、探究、创造、创新、突破、独特性、开拓、推陈出新、新思想、新见解、新发现、新突破、资源新组合、

举一反三、变通性、超出思维常规、创新理念实践化等。

从各专家的核心素养等级评分来看，重要性程度较高的指标主要集中在学习、自我、责任、国家、思维、科学等指标上；从对专家认为的最重要的三项核心素养指标的分析来看，重要指标主要集中在学习、自我、科学、思维等指标上。

(二)再次提取 16 项核心素养指标，并形成初步内涵

第二轮，请专家按照要求对 22 项素养指标进行评判，并再次写出内涵。统计各指标得到专家同意的人数，保留 6 人及以上人次同意的指标。依据专家提供的内涵界定，形成具有四字称谓的 16 个指标(按照首字拼音排序)：包容能力、创新能力、道德修养、公民素养、国际理解、国家认同、交往合作、科学素养、理想信念、审辨思维、人文素养、生命健康、实践能力、学习能力、责任担当、自我发展。从此次各专家的核心素养等级评分来看，学习能力、交往合作、科学素养、创新能力、道德修养、人文素养等指标等级分数较高。

结合第一、第二轮专家建议的内涵、行为相关词汇描述、国际与国家核心素养内涵、北京精神、社会主义核心价值观等相关文献资料，并查阅《辞海》《辞源》《教育大辞典》等工具书，讨论、修改后，形成 16 项指标的内涵。例如，在第一、第二轮，专家将"包容能力"的内涵理解为"充分尊重他人""跨文化/国界交流""了解、尊重世界各个国家、民族的优长""接纳不同意见"等。结合"包容能力"的典型行为表现词汇"开放""换位思考""理解多样性""包容异见"等，同时参阅北京精神和社会主义核心价值观等资料，研究将"包容能力"的内涵初步界定为承认、尊重、理解差异的素养，表现为具有开放的、和谐共存的心态，能够换位思考，承认并尊重人与人之间的差异，尊重并理解多元文化和跨文化差异等。

(三)确定核心素养指标及内涵

第三轮，请专家在考虑、权衡多方信息的基础上，对初步形成的 16 项核心素养指标的内涵进行补充，并进行重要性排序。

从重要性程度评分和平均排名上来看，稳定处于前五名的是道德修养、

学习能力、国家认同、科学素养、交往合作。其中，在道德修养和学习能力上，11 名专家的意见一致；交往合作也得到广泛认同。具体结果见表 1-2-2。

表 1-2-2　第三轮德尔菲法专家意见定量分析表

指标	重要性程度评分			平均排名
	平均分	标准差	变异系数	
包容能力	4.2	0.63	0.15	8.4
创新能力	4.0	1.18	0.30	8.7
道德修养	5.0	0.00	0.00	2.9
公民素养	4.1	0.87	0.21	7.0
国际理解	3.6	1.07	0.30	9.7
国家认同	4.4	0.49	0.11	5.6
交往合作	4.7	0.64	0.14	6.0
科学素养	4.3	0.78	0.18	5.8
理想信念	4.0	1.18	0.30	6.5
审辨思维	3.9	1.27	0.33	6.8
人文素养	4.2	0.75	0.18	11.3
生命健康	3.8	1.17	0.31	9.1
实践能力	3.6	1.42	0.40	10.6
学习能力	5.0	0.00	0.00	5.3
责任担当	4.0	1.25	0.31	9.3
自我发展	3.7	1.49	0.40	11.4

注：重要性程度为 1~5 分，1 分代表很不重要，5 分代表很重要。排名是 1~16 名，平均排名分值越小，表明越重要。

基于对专家意见的文本分析可以发现，专家在国家认同、国际理解、理想信念、审辨思维、责任担当、实践能力、自我发展、生命健康等指标的内涵界定上有较大分歧。与此同时，专家也一致认为，所选出的指标"要能够涵盖学生未来发展所必需的关键性素养，并且能够在教育实践中进行操作化的实施"。例如，有专家建议可以将"国家认同"与"国际理解"合并，放入"公民素养"中；国际理解是"站在中国看世界"，国家认同是"世界之中有中国"，不要把两者割裂开来。也有专家认为"理想信念"过于中性，可考虑将其整合到"道德修养"中。部分专家建议将"包容能力"整合至"交往合作"中。

对前述 3 轮调查结果进行综合分析，并结合内涵分析，进一步形成北京市基础教育阶段学生核心素养指标（按首字拼音排序）：创新能力、公民素养、交往合作、科学素养、人文素养、生命健康、学习能力、自我发展。

(四)确定核心素养指标权重

为更好地说明每个核心素养指标在培养目标中的重要性程度，研究人员还调查了 8 项指标的权重。

从专家对 8 项指标的两两比较重要性程度的评分上来看，处于前五名的是学习能力、交往合作、公民素养、科学素养和人文素养。其中，在学习能力上，11 名专家的意见一致性最高。具体结果见表 1-2-3。

表 1-2-3　第四轮德尔菲法专家意见定量分析表

指标	平均分	标准差	变异系数
创新能力	3.91	0.90	0.23
公民素养	4.64	0.48	0.10
交往合作	4.64	0.48	0.10
科学素养	4.36	0.64	0.15
人文素养	4.36	0.64	0.15
生命健康	4.00	0.85	0.21
学习能力	4.91	0.29	0.06
自我发展	4.18	1.11	0.27

在此基础上，本研究还采用层次分析法来确定指标权重。通过将专家对各层级指标相对重要性的两两对比的原始数据进行分析，构造专家判断矩阵并进行一致性检验，剔除了 1 份未通过一致性检验的问卷，得到有效问卷 10份。然后，采用几何平均法将专家判断矩阵进行合成处理，得到群体评判结果的新判断矩阵，且通过层次总排序一致性检验。最后，采用几何平均法计算权重向量，得出各指标在同层级的权重比例和在整个指标体系中的相对

权重。

结果显示，8 项指标的权重值由高到低依次为创新能力(18.1%)、自我发展(18.0%)、科学素养(13.2%)、人文素养(12.8%)、交往合作(11.6%)、生命健康(11.1%)、公民素养(8.4%)、学习能力(6.8%)。从重要性程度上讲，专家都认为"学习能力"最重要，但是在计算权重的时候，却给予了最低的权重值。究其原因，与"生命健康"相同，即和未被遴选出的指标相比，它们都被认为是相对基础、根本的，然而一旦与已选择出的其他指标相比，它们往往又会由于相对基础性而被赋予较低或最低的权重。

(五)研究结论

经过 4 轮专家咨询和指标分析，最终得到北京市基础教育阶段学生核心素养指标和权重，如表 1-2-4 所示。指标内涵主要从学生核心素养培育的角度进行阐述，采用行为动词来体现"通过学校教育，期待学生身上发生的变化，即学生应当能说什么、能做什么"。

表 1-2-4　北京市基础教育阶段学生核心素养指标一览表

指标	内涵描述	具体表现	权重
创新能力	指突破常规、推陈出新的能力	善于对新旧资源进行整合融通；敢于质疑权威，勇于提出新想法并付诸行动；具有动手制作的意愿和能力，具有运用新技术的好奇心和想象力等。	18.1%
公民素养	指理解和践行公民义务和权利的素养	爱党爱国，履行公民义务，行使公民权利；具有正确的世界观、人生观和价值观；具有规则和法律意识；具有道德观念，遵循社会规范；参与社会生活，承担社会责任，维护公共利益；具有民主精神；关怀自然生态与人类发展等。	8.4%
交往合作	指有效人际交往、沟通表达、协商互助、共赢分享的能力	重诺诚信、与人为善；能够承认、尊重、理解差异；尊重世界多元文化；积极参与跨文化交流与国际交流；愿意倾听、理解、回应和接纳他人的请求和观点；能够恰当准确地表达观点；具有团队合作精神，善于化解矛盾，达成共识；能够分享成果和经验等。	11.6%

续表

指标	内涵描述	具体表现	权重
科学素养	指学习、理解、运用科学知识、技能探索事物本质和发展规律的素养	尊重事实和证据；具有多角度看问题的批判性思维习惯；遵守科学伦理，恰当处理科学技术与社会的关系；以科学态度运用科学知识、技能和方法解决实际生活问题等。	13.2%
人文素养	指对历史、文化、艺术的感知、理解、欣赏和创造的能力	具有对人类生存意义和价值的终极关怀意识；学习、理解、保护和传承历史文化成果，感知、欣赏文艺作品所蕴含的美；具有创作的意愿。	12.8%
生命健康	指理解生命价值、追求健康人生的能力	具有爱的能力；尊重和敬畏生命；具有安全意识和自我保护能力；具有良好的生活习惯和运动技能；具有维护身体健康和心理健康的行为能力等。	11.1%
学习能力	指具有学习的意愿和技能	具有积极的学习意愿和学习习惯，懂得选择学习方法、调整学习策略、评估学习进程等；具有数字化学习技能；具有获取、评估、鉴别、使用信息的技能等。	6.8%
自我发展	指认识、评价和规划自我的意识和能力	了解自我，正确评价自我；具有应对压力和挫折的能力，能适时调整个人规划；能将社会规范的要求内化为自身品德；具有乐观积极的人生态度，具有坚定执着的精神追求，有不断提升自我的意愿等。	18.0%

四、综合讨论

(一)北京市基础教育阶段学生核心素养要素的特征

从首都北京"全国政治中心、文化中心、国际交往中心、科技创新中心"的城市功能定位出发，结合国际经验，研究聚焦"重点发展的人"，提取了创新能力、公民素养、交往合作、科学素养、人文素养、生命健康、学习能力、自我发展 8 项核心素养要素。

从数量上来说，侧重关键少数。核心素养应是居于核心地位的关键少数素养。研究提取的核心素养要解决首都 21 世纪的人才需要"重点发展什么"的问题。在涵盖学生未来发展所需具备的关键素养的前提下，国际经验和可实践性是确定数量的重要参考。因此，在遴选过程中，将要素的数量提炼至 22 项，又提炼至 16 项，最终定为 8 项。较少数量更便于体现培养目标的核心与重心，便于理解与操作，从而使核心素养发挥明确的导向作用，指明教育改革的重点。

从内涵上来说，突出时代性和高阶性。核心素养应具有鲜明的时代性。未来社会将更加多元、复杂，变化加速，要求公民拥有强大的适应变化的能力、解决复杂问题的能力、交流与合作能力等。而核心素养本质上是在一个不确定的复杂情境中解决复杂问题的能力。时代性与高阶性是上述 8 项要素内涵描述的突出特点，其中创新能力、自我发展两项被赋予了最高权重。

此外，虽然可将 8 项要素划分至 DeSeCo 项目所提出的人与工具、人与自我、人与社会三大类别中，但各具体要素间并无严格的内在逻辑层次结构，主要来自对研究结果的遴选，需从内涵角度进行要素间的相互独立的阐述。

(二)北京市基础教育阶段学生核心素养与中国学生发展核心素养的关系

中国学生发展核心素养框架的提出，标志着我国学生核心素养理论体系基本形成，其连接宏观教育理念、培养目标与具体教育教学实践的桥梁作用已得到认同。虽然北京市基础教育阶段学生核心素养基本包含于中国学生发展核心素养框架内，但相比中国学生发展核心素养及其要点来说，仍然具有独特性。

从要素构成来说，北京市基础教育阶段学生核心素养特别强调"创新能力"要素，即突破常规、推陈出新的能力。创新能力是提升当前人才培养质量、实现北京城市功能定位的基础。其次，明确提出"交往合作"要素，即有效人际交往、沟通表达、协商互助、共赢分享的能力。需要说明的是，交往合作不仅是此次研究析出的重要素养，也是许多国际组织和国家认同的核心素养。

从内涵表达来说，北京市基础教育阶段学生核心素养由于数量较少，内涵更为集中。在表达上，更侧重对可观察的行为表现或结果特征的描述，而非仅仅是对体悟或过程的说明。这种阐述更适合于下一阶段核心素养向课程、教学和评价等实践应用领域的渗透与转化。

(三)有待进一步研究的问题

上述研究初步析出 8 个要素，却依然存在争论。①生命健康是否应当列入。专家认为，北京市基础教育阶段学生核心素养之所以强调生命健康，是与长期以来轻体育重智育的教育状况有关，即便近来已有改观。也有专家提出，生命健康作为基础要素，虽然对人的生存与发展至关重要，但是缺乏 21 世纪的时代特征。核心要素不应等同于基础要素。此外，各国实践中也鲜有生命健康及相关内容加入核心素养的先例。②科学素养与人文素养是否应当列入：科学素养与人文素养成对列入，其思路来源于专家群体长久以来头脑中知识体系的划分，确与基础教育阶段课程领域具有较强的对应关系，也与跨界素养、非学科素养的遴选初衷存在一定程度上的偏差。通过对各国的核心素养要素的分析可以看出，除《中国学生发展核心素养》和法国《知识和能力的共同基础》外，鲜有框架成对提及科学素养与人文素养。一些国家在涉及与科学素养相似的要素表述时，也大多采用"科技""数字化""信息化"等名称，并体现出与课程明显的对应关系。由于每类核心素养的培养都需要多门学科基础知识的支撑，而每门学科又都需要学生具备不同类别的核心素养才能学好，因此如何更综合化、概括化地呈现作为上位概念的核心素养，有待于进一步探索。

此外，研究采用德尔菲法对 4 轮专家意见进行反复汇总、整理、分析、提炼，最终遴选出 8 项指标，并采用层次分析法进行权重判断。然而，北京市基础教育阶段学生核心素养的遴选是项极其重要的工程。德尔菲法仅为整体技术路线的一部分，由于没有专家集体讨论，存在研究者本身对调查资料的主观理解、判断、归纳造成的误差。后续研究者还应该结合焦点团体访谈法、个体访谈法和问卷调查法的结果进行统整和完善。

参考文献

[1]Dalkey, N. , Helmer, O. An Experimental Application of the DELPHI Method to the Use of Experts[J]. Management Science，1963(3).

[2]Jr, J. W. M. , Hammons, J. O. Delphi：A Versatile Methodology for Conducting Qualitative Research[J]. Review of Higher Education，1995(4).

[3]Skulmoski, G. J. , Hartman, F. T. , Krahn, J. The Delphi Method for Graduate Research[J]. Journal of Information Technology Education Research，2007(1).

[4]Thompson, M. Considering the Implication of Variations with in Delphi Research[J]. Family Practice，2009(5).

[5]Weise, J. , Fisher, K. R. , Trollor, J. Utility of a Modified Online Delphi Method to Define Workforce Competencies：Lessons from the Intellectual Disability Mental Health Core Competencies Project[J]. Journal of Policy & Practice in Intellectual Disabilities，2016(1).

[6]毕颖斐，毛静远. Delphi 法在中医临床研究中的应用[J]. 中西医结合学报，2012(3).

[7]曹茂林. 层次分析法确定评价指标权重及 Excel 计算[J]. 江苏科技信息，2012(2).

[8]褚宏启. 核心素养的国际视野与中国立场——21 世纪中国的国民素质提升与教育目标转型[J]. 教育研究，2016(11).

[9]黄四林，左璜，莫雷，等. 学生发展核心素养研究的国际分析[J]. 中国教育学刊，2016(6).

[10]林崇德. 学生发展核心素养：面向未来应该培养怎样的人？[J]. 中国教育学刊，2016(6).

[11]刘霞，胡清芬，刘艳，等. 我国学生发展核心素养的实证调查[J]. 中国教育学刊，2016(6).

[12]刘晓玫，刘瑶，宋庆莉. 区域内学校教育质量评价指标体系构建[J]. 教育理论与实践，2016(17).

[13]师曼，刘晟，刘霞，等. 21 世纪核心素养的框架及要素研究[J]. 华东师范大学学报（教育科学版），2016(3).

[14]涂端午. 教育政策文本分析及其应用[J]. 复旦教育论坛，2009(5).

[15]王高玲，别如娥. 基于 Delphi 法的居民健康素养评价指标体系的研究[J]. 中国卫生统计，2013(5).

[16]王以彭，李结松，刘立元. 层次分析法在确定评价指标权重系数中的应用[J]. 第一军医大学学报，1999(4).

[17][法]夏尔·提于斯，林静. 法国中小学生核心素养要求及评价——夏尔·提于斯与林

静的对话[J].华东师范大学学报(教育科学版)，2018(1).

[18]辛涛，姜宇，林崇德，等.论学生发展核心素养的内涵特征及框架定位[J].中国教育学刊，2016(6).

[19]辛涛，姜宇，刘霞.我国义务教育阶段学生核心素养模型的构建[J].北京师范大学学报(社会科学版)，2013(1).

基于焦点团体访谈的北京市学生
核心素养要点遴选

郝懿、何光峰、田一

一、研究背景

（一）核心素养的提出

20 世纪末以来，在教育领域中，国际组织、不同国家陆续提出了学生培养的新目标。在当前的研究语境下，新目标被概括地称为核心素养的培养。国际核心素养研究框架包括经济合作与发展组织的 DeSeCo 框架、联合国教科文组织的学习结果指标体系、欧盟的终身学习的核心素养（欧洲参照框架），均是该研究领域中具有引领性作用的研究成果。在其影响下，一些国家和地区陆续提出了各自的核心素养框架及概念。

这些框架的目标的具体内容各有不同，但是其首要的共同点在于其提出的前提均是提出方认知到了时代的发展变化特点，以及这些变化对学生提出的新要求。因此，基于使学生能够适应变化、实现良好发展这一出发点，国际组织及一些国家和地区提出了符合各自特点的目标。

在这一研究趋势的影响下，北京师范大学林崇德教授团队开展了相关研究，并于 2016 年 9 月发布了《中国学生发展核心素养》，为教育改革的深入开展提供了全新导向下具有引领性的目标。

（二）不同背景下的核心素养研究

1. 社会发展背景下的核心素养研究

如前文所述，在"适应变化、寻求发展"的共同理念下，各组织、国家、地区开展了核心素养研究，得到了颇具差异的具体内容。这充分说明，不同研究主体所处的社会背景各有差别，随时代发展而产生的社会变化形态多样，所处其中的个人和群体对自身目标的认定不同，因此应运而生的个人应对变化所需的素养存在差异。这一点通过目标、功能定位各异的国际组织所建构的核心素养框架特点体现出来。例如，以"促进国际合作"为首要目标的经济合作与发展组织在其框架的一级指标中充分体现了全方位的"合作"；能互动地使用工具、能自主行动、能在社会异质团体中互动的本质可分别概括为人与工具、人与自我、人与社会。再如，基于多民族、多文化协同发展的"多元一体"的现实特点，欧盟的框架及内涵对于母语交流、外语交流、跨文化情境中的个人素养的要求更为突出。

国内的核心素养研究中也不乏结合地区特点培养学生核心素养的探索研究。有研究针对我国东西部地区在经济、文化、思想等方面均存在差异的现状提出了在西部地区培养学生核心素养的路径。[①] 也有学者研究了香港地区学生核心素养的培养路径。[②]

2. 学科背景下的核心素养研究

落实中国学生发展核心素养的重要目标之一在于促进学生的全面发展。当谈及具体的落实和培养方案时，在当前的分学科课程体系下，各学科在自有的知识能力框架下有侧重点地培养该学科背景下有优势的、可行的一个或几个核心素养应是核心素养培养更可行的方式之一。其中比较有代表性的是台湾地区的研究。该研究通过编码对不同学科所能培养的核心素养进行标定，这一做法从本质上而言，是对不同学科所能培养的核心素养做出选择。

2016 年以来，北京市借鉴了相关研究方法，在语文、化学、生物学、物理等学科陆续开展了相关研究。其核心问题在于，在特定学科情境下，哪些核心素养能够得到更有力的培养和落实？

上述两类研究均可概括为不同背景下对核心素养培养的深入研究。第一类强调社会环境背景下的特异性，第二类强调学科教学背景下的特异性。

---

① 吴乐乐、柏杨、吴龙龙：《西部省域培养中小学生核心素养的路径分析》，载《现代中小学教育》，2017(1)。

② 马艳婷：《香港学生核心素养的培养路径及其启示》，载《教育参考》，2017(1)。

二、问题提出

有研究者在香港学生核心素养培养路径的研究中提到，香港的学生核心素养体系与国家的学生核心素养体系"可以说是共同诉求的不同表述"。"共同诉求"可理解为适应时代的发展，而之所以产生不同表述，是因为各个不同的组织在提出核心素养时就已考虑到了其适用的背景。

中国学生发展核心素养是结合了社会主义核心价值观以及我国的高速发展这两个重要的时代特征而产生的。但是具体分析会发现一个基本问题，即我国幅员辽阔，地域的经济、文化发展等存在很大差异。北京作为首都，在多个方面存在着与全国其他省份不同的定位。《北京市国民经济和社会发展第十三个五年规划纲要》文件将北京为全国政治中心、文化中心、国际交往中心、科技创新中心这一定位做出了强调。这足以说明北京的发展特征与对人才的需求有其特殊性。

此外，有研究者指出，必须根据人的发展与社会发展的要求，从诸多素养中聚焦"关键的"素养加以培养。

因此，基于更好地适应发展和变化这一出发点，结合北京市的特殊背景，本研究旨在分析北京市发展变化的特点以及在此背景下更为关键的核心素养及其内涵，从而为北京市培养学生核心素养研究提供更为关键的要点，以及基于特定背景的更丰富、充实的内涵。

三、研究方法

本研究使用质性研究中收集数据的方法之一焦点团体访谈法开展。该方法于20世纪40年代为缓解一对一访谈中由研究者主导而导致的受访者无法放松和自由地表达观点、态度这一问题而产生，并迅速在市场调查领域中得到广泛应用。随后，作为收集质性研究数据的重要方法之一，焦点团体访谈法在教育领域中也多有运用，尤其是在界定群体特征、概念等的研究中，在获得研究初期的基本信息或为解决局部焦点问题提供更详尽的补充性信息等方面得到广泛的应用。

(一)焦点团体访谈研究问题界定及访谈提纲

本研究界定的两个核心问题为：①北京市发展变化的特点是什么？②这样的发展变化特点下需要培养学生的什么素养以使其更好地适应未来社会并获得良好的个人发展？

(二)焦点团体访谈类型及成员构成与实施

焦点团体访谈在设计上可以分为单类别设计、多类别设计、双层设计以及广泛介入设计。本研究采用多类别设计的焦点团体访谈形式进行。成员分为教育行业专家或资深教师组、非教育行业资深专业人员或管理人员组。访谈分两次进行，由同一主持人主持访谈（由经验丰富的教育领域研究专家作为主持人）。

参与焦点团体访谈的成员，按照其职业分为两组，并分别接受访谈。其中一组为教育行业专家或资深教师共 10 人，包括教育科研机构专家 1 人、高等教育领域相关专业教授 3 人、教育部门行政领导 1 人、中学校长 1 人、小学校长 1 人、中学教师 1 人、小学教师 1 人、民办教育机构教师 1 人，下文中编号为 E01～E10。另一组为非教育行业资深专业人员或管理人员共 7 人，涉及科技、医疗、金融、法律、通信、地产、人力资源领域，每领域 1 人，下文中编号为 S01～S07。

由于核心素养主题研究在教育领域备受关注，高校、研究所的相关研究人员和教师对其内容均有不同程度的了解，而其他领域的从业人员则没有相关的系统性知识。为保证两组成员对这一主题有大致相同的基本知识背景，在访谈前向两组成员提供了国际组织以及其他国家和地区的核心素养框架和基本概念，以及中国学生发展核心素养框架及内涵。

访谈另安排两名记录员通过使用录音笔的方式全程记录访谈内容（经访谈对象同意），一名计时员负责向在规定时间内未完成发言的访谈对象做出提示。每组访谈用时 180 分钟。访谈结束后，研究者将录音转录成文字用于后续编码分析。

(三)结果分析方法

使用 NVivo 10.0 软件对访谈转录文字进行编码。共 8 人参与编码。

编码分两步进行。第一步，采用自由编码的方式进行，由 8 人对访谈内容进行自由编码，形成自由节点共计 34 个。经讨论根据其含义将自由节点进行合并，得到 16 个自由节点。第二步，依据讨论得到的 16 个自由节点，再次对内容进行编码，再通过讨论得到较为一致的编码结果。

四、研究结果

(一)随着时代发展的北京特点

针对本研究的第一个问题，参与讨论的专家以各自在北京生活、工作的经验为背景，提出个人知觉到的北京发展变化的特点。表 1-3-1 呈现了受访者提及的特点及次数。受访者在提出相应特点后，大多通过列举案例的形式进行了补充说明。受访者在这一过程中重复强调的内容不计入次数统计。

表 1-3-1　受访者提及的特点及次数

序号	特点	提及次数		
		教育组	非教育组	总计
1	技术发展	4	3	7
2	人口问题	5	0	5
3	多元化	4	1	5
4	国际化	2	2	4
5	竞争加剧	1	2	3
6	经济发展快(行业内部结构、产业结构调整快)	0	3	3
7	人才密集与需求高端化	0	2	2
8	包容性增强	1	1	2
9	环境(空气、水、交通)	1	0	1
10	公民参与意识觉醒	1	0	1
11	社会氛围浮躁	0	1	1

从表 1-3-1 中可以看出，受访者认为第一位的特点是技术发展，且教育组和非教育组的受访者都关注这一问题，对其进行的解释也相对最为多样。受

访者在访谈中提到的内容具体包括两个方面：一方面，以互联网为代表的信息技术带来的信息交流的便利，交通技术发展带来的人员在地理位置上转移的便利，人工智能带来的效率的极大提高，以及生物工程、航天技术等带来的发展；另一方面是与之相伴随而产生的负面影响，如手机对学生学习造成的干扰性影响，信息化带来的电信犯罪以及相关的伦理问题等。

E09："……手机、电脑对学生干扰太大……学生把很多东西都交给了手机这种信息化的工具。"

第二位和第三位的特点是人口问题与多元化。就一些受访者的看法而言，人口问题也可作为多元化的一个角度。这两个问题主要由教育组的受访者提出。人口问题的具体表现为流动性大和社会经济地位差异以及为此造成的不平等，地域差异带来的心理认同与接纳，人口过多造成的拥挤以及资源短缺等。

E03："人口的复杂性，从国别上的差异、地域上的差异到社会经济地位的差异……"

教育组的受访者谈了由于城市变化造成的一些人心理上的认同和归属感缺失问题。而另一位受访者则直接表述了北京人口构成的复杂性。

多元化则主要体现在文化差异上。随着文化的碰撞与交融，有受访者认为一些传统文化受到冲击甚至面临消失的危险。从根源上看，这可以归为人口变化带来的结果。

第四位的特点是国际化问题，具体指的是由于首都的特殊地位所形成的与全球各国的密切接触以及因此产生的变化。从积极的方面讲，北京具有较好的国际视野、国际交流机会，形成了在多个领域内紧随国际前沿步伐的发展现状；从消极的方面讲，国际化也带来了一定的冲突等。

S04："我的本科同学的孩子都在国外上大学，留学以后再回来。我想未来的孩子的这种交流会更多……"

E09："我1997年第一次出国……到马来西亚……我最想干的事是买我在北京外国语大学读书的时候看的原版英文书，当时北京没有这样的书……今天，随便在北京一个书店就可以看到这类书，这个变化太大了。"

第五位和第六位的特点是竞争加剧，以及经济发展快。竞争加剧具体表现为工作节奏的加快以及由此造成的个人压力。经济发展快则是不同行业人员对本行业发展的切实感受，主要包括行业内部结构、产业结构的调整方面。这两点主要由非教育组受访者提出。

第七位和第八位的特点是人才密集与需求高端化以及包容性增强。其中人才密集与需求高端化主要体现为各行业的人才在受教育水平上的显著提高以及各行业在招聘时对人才的需求的提高。包容性增强则指的是社会开放程度提高以及对人的限定因素减少等。

第九位、第十位和第十一位的特点分别是环境、公民参与意识觉醒以及社会氛围浮躁。这三点各有一位受访者提到。

(二)基于北京特点的核心素养

基于上述北京发展变化的主要特点，受访者提出了相应的能够适应这些变化而获得更好发展的个人特点。受访者提及的次数排列如表 1-3-2 所示。提出要点后，受访者在对其进行解释的过程中重复提及的要点不计入次数统计。

表 1-3-2 受访者提及的核心素养要点及次数

序号	核心素养要点	提及次数		
		教育组	非教育组	总计
1	学习	6	4	10
2	健康	8	2	10
3	合作	5	5	10
4	公民素养	6	2	8
5	创新	5	2	7
6	包容	7	0	7
7	自我管理	2	5	7
8	科学与人文素养	6	0	6
9	沟通	0	4	4
10	解决问题	1	3	4
11	国家民族认同	3	0	3

根据对受访者意见的编码整合及频次分析，可以看出，针对上述北京发

展变化的特点，受访者认为重要的核心素养要点依次是学习、健康、合作、公民素养、创新、包容、自我管理、科学与人文素养、沟通、解决问题、国家民族认同，共 11 项内容。根据受访者对上述概念的进一步解释，通过编码与讨论对提及次数超过一次的概念要点进行如下内涵界定。

1. 学习

学习指的是主动、持续、高效学习的能力，表现为有积极学习的愿望、终身学习的意识、良好的学习习惯、适切的学习方法，能获得有效的学习结果。其中受访者对于终身学习的强调尤其突出。

E08："……终身学习的问题……因为社会发展太快了，无论是谁，无论到哪一个年龄阶段，可能都有需要学习的内容。年轻时，我们要学很多新技术，我们现在逐渐变老了，我们退休了，可能还要学习退休后如何好好生活……"

E07："你要保证健康生活就必须学会学习……全靠别人教不行了。我总说我的爷爷和他的爷爷之间的经验是可以通用的，因为当时的社会太小。我和我的儿子之间就没有太多的可以直接通用的经验，我的生活经验到他那就不行了。社会发展快，所以会学习是人适应社会、实现自我的一个很重要的途径。没有学会学习，其他的都谈不上。"

S05："对于职场新人，我们首先看其快速学习、持续学习的能力，这一点我觉得特别重要。因为就像刚才我说的……实际上我们在学校学的东西根本不够用，因为新东西太多了。学校只是给你打了一个基础。行业发展很快，所以这就要求我们的人，尤其是新人，要有非常快速的学习能力，而且他要有能在很短的时间内抓住核心问题的能力。"

2. 健康

健康指的是具有良好的身体和心理状态，表现为尊重和珍爱生命，具有安全意识和自我保护能力，具有独立、正确的价值观和主动适应性，能自我调节以适应快速的社会变化。其中受访者特别强调心理方面的自我调整与适应。

E08："现在人们越来越重视健康，我们要把健康放在首位来谈……因为健康在我们看来不是指培养一个人体育比赛的技能……运动本身既能塑造健康的体魄，同时又可以培养一个人很多良好的品质。有些人对自己的生命或者对他人的生命太不尊重了，所以我们需要在这方面加大干预力度。"

3. 合作

合作指的是有效参与团队协作的能力，表现为能够迅速融入团队，尊重不同观点，聚焦核心问题，围绕目标共同完成任务。同时合作包括在人力资源、经济资源等资源聚集的社会环境下，有选择性地计划、组织资源，并在实践中高效运用资源的能力。

E03："这是整合资源的能力。其实这种整合资源的能力跟计划、组织、实施是有关系的，但是计划、组织、实施有时候面对的是有限的资源。"

S04："现在的年轻人有的还可以，但有的欠缺合作能力。有时候让他跟客户去合作，往往合作不好。在团队中，性格合不来的人会产生一些矛盾，或者出现一些问题争议，通常这个团队就没有凝聚力，就散掉了。"

4. 公民素养

公民素养指的是符合社会普遍认同的行为规范，表现为依据法律履行公民义务、行使公民权利，主动参与社会生活，承担社会责任，维护公共利益。

E06："我觉得我接触到的孩子，包括我们的成年人，其公民意识确实觉醒了……所以在这样一个过程当中，我就越来越感觉到我们很多人的公民意识觉醒之后，我们未来的学生也要跟上。"

S05："……第五点我觉得就是这种责任意识，这种担当意识。我觉得社会非常需要这一点。虽然它不是智力层面的，但是我觉得教育应该特别关注这个层面。"

E08："今天我们这个社会强调一个人要有社会责任感，要有法治意识。"

S07："我们在招聘人的时候，实际上对于我个人来说，我最看重的是责任意识，因为如果他具备基本的逻辑思维或者基本的知识储备，能力是可以通过后天再造的，但是责任意识是从小就培养起来的，可能很难通过后天再去调整。"

5. 创新

创新指的是具有突破常规、推陈出新的能力，表现为有好奇心、想象力，善于独立思考，敢于挑战，能提出新问题、新观点，并能用新方法解决问题。

S06："关于好奇心，我刚才也提到过。如果有了探究的欲望，我觉得创新才有可能。"

S01："创新……是急需的……哪怕是微创新也可能会有很大的作为。中国的互联网公司，有几家已经是全球十强……但是……创新还有很长的路要走。"

6. 包容

包容指的是以开放的心态接纳差异的能力，表现为能够尊重、理解、承认和欣赏不同个体之间，不同社会群体之间，不同国家、民族、地域、文化之间的差异，并进行相应的融会贯通，具备跨文化交流、合作的能力。

E01："如果从地方发展的角度来讲，北京可能更强调包容性。"

E03："……我个人认为就是包容，这种包容要增强理解，增强后面的尊重。"

7. 自我管理

自我管理指的是对个人目标、资源等方面进行合理规划的能力，表现为能够设定合理的个人短期目标以及长期规划，能够对自己的时间资源、物质资源进行合理规划和利用等。

S01："时间管理以及心理压力管理，或者笼统讲就是自我管理。现在一些毕业生在这一方面做得很不好……我觉得非常有必要强调一下。"

8. 科学与人文素养

科学素养指的是理解、掌握、应用科学知识、技能与方法的能力，表现为善于运用科学知识和科学方法，在逻辑推理的基础上，能解释、研究和解决各种问题，能独立思考，同时包容他人的思考，经过理性的深度思考做出判断。人文素养指的是理解、掌握、应用人文领域的知识与方法的能力，表现为获取历史、艺术、语言、文学等方面的知识与方法，能欣赏各种艺术形式的作品，能尊重人的价值，关切人类社会发展。

E03："我提的第一点是科学素养，因为我觉得中国的传统文化对仁义礼智信这些文化强调得非常多，但科学的东西，我觉得我们也应该普及……科学非常强调规则，任何一个环节出现错误，那么所有的结果都可能是虚假的，是不可靠的，所以我觉得科学素养非常重要。"

E01："科学精神涵盖了人文和辩证唯物主义的方法论。我们不能把科学只理解成自然科学，它是包含辩证唯物主义的。"

9. 沟通

沟通指的是有效地表达观点的能力，表现为能够选择适切的交流内容与有效的交流方式（口头语言、书面语言、动作语言和信息技术等），清晰地表达思想观点。

S07："人际沟通能力实际上是我们目前感觉员工比较缺乏的……或者说灵活度不够。"

来自医疗、法律、金融等行业的受访者也分别结合各自的专业领域谈了沟通的重要作用。

10. 解决问题

解决问题指的是一种综合能力，表现为能够将所学知识、技能转化为实践中的行动力，在具体的工作中解决真实问题、创造实际价值，以及愿意以成长性思维面对、尝试新事物。

S02："……面临的第一个挑战就是你怎么把你学到的知识转化成技能，这是最重要的能力。一旦到了这里（单位），你就变成一个创造价值的人了。你创造价值就直接能把你学到的东西转化到你要从事的工作上，这是第一个能力。"

S05："我觉得就是综合能力。综合能力一方面是对本职行业进行深入理解的能力……另一方面，更主要的是创造性地解决问题的能力……有的时候你真正想做成一件事情，要合作……（要求）对人性本身也要有很深的了解，这可能是需要一个人的综合素质的……所以我觉得综合能力是我们要强调的一点。"

S06："你愿意去接受挑战，愿意去尝试新东西，认为你自己是可以改变的，而不是认为你就是这样的，不愿意去尝试新事物。"

11. 国家民族认同

国家民族认同指的是学生个人对身份及民族文化的认同，表现为具有国家意识，了解国情历史，认同自己的身份，能自觉捍卫国家主权、尊严和利益；具有文化自信，尊重中华民族的优秀文明成果，能传播、弘扬中华优秀传统文化和社会主义先进文化；了解中国共产党的历史和光荣传统，具有热爱党、拥护党的意识和行动；理解、接受并自觉践行社会主义核心价值观，有为实现中华民族伟大复兴的中国梦而不懈奋斗的信念和行动。

E08："社会发展，我们不光要经济发展。国家真正强大，我觉得首先得保证公民对自己国家的认同感……"

五、讨论

(一)本研究所得的北京发展变化的特点与核心素养要点之间的对应关系

诸多与核心素养相关的研究都涉及社会发展变化这一社会背景问题。有学者就 2006—2015 年国内教育界核心素养研究进行了研究情境的分类，结果显示有 22.1% 的关于核心素养背景的研究，其中绝大多数是新课程背景下的研究，而国内背景下的研究只占 1.3%。本研究为了更清晰地获得与社会背景有关的具体内涵，将其设置为访谈的一个重要的问题。

对本研究通过编码所得的 11 个主要特点进行概括性分析可以看到，技术发展、经济发展与环境变化主要指的是外在客观世界中物质、技术等范畴内的变化。人口问题、多元化、国际化、人才结构、竞争加剧等则主要涉及人与人之间的关系与问题。公民意识觉醒、社会浮躁氛围等虽然难以脱离社会而存在，但更多是从个人角度出发做出的分析。这些变化涉及外在客观世界、社会成员的构成与关系，以及个人心理变化三个方面。这与前文所述的经济合作与发展组织所建立的核心素养框架特点颇具相似性。

针对这三个主要的特点，受访者提出了与之相适应的多种核心素养。其中，与内涵界定的匹配程度较高的是人口结构与包容性、人才结构、经济发展与合作、公民意识与公民素养等。

值得注意的是，尽管在北京发展变化的特点中，技术发展是受访者提到的最多的内容，其中包含了信息化、人工智能、互联网应用等，但是在与之相适应的核心素养中极少有明确针对具体技术而言的内容。只有受访者 E06 正面谈及了这一问题："技术和工具发生巨大变化，势必带来我们思维的巨大变化，因此我们必须要考虑当前的互联网思维。"从受访者的发言内容中可以看出，大部分人将这一变化对应的素养表述成"学习"。从对技术发展的详细分析中可以看出，除了技术内容本身，变化速度快也是受访者强调的重要角度，而针对快速的可能无法完全预期的具体内容而言，保持"学习"的能力是与之相适应的重要能力。这一情况似乎契合了"授人以鱼不如授人以渔"的原则。

（二）本研究所得的核心素养要点与国家核心素养要点的联系与区别

本研究所得的核心素养要点与国家核心素养要点的联系与区别见表 1-3-3。

表 1-3-3 本研究所得的核心素养要点与国家核心素养要点的联系与区别

国家核心素养方面	六大核心素养	本研究涉及的相似概念	国家核心素养要点	本研究涉及的相似概念
文化基础	人文底蕴	科学与人文素养	人文积淀	科学与人文素养
			人文情怀	科学与人文素养
			审美情趣	—
	科学精神	科学与人文素养	理性思维	科学与人文素养
			批判质疑	科学与人文素养
			勇于探究	解决问题
自主发展	学会学习	学习	乐学善学	学习
			勤于反思	自我管理
			信息意识	学习
	健康生活	健康	珍爱生命	健康
			健全人格	健康
			自我管理	自我管理

续表

国家核心 素养方面	六大 核心素养	本研究涉及的 相似概念	国家核心 素养要点	本研究涉及的相似概念
社会参与	责任担当	公民素养	社会责任	公民素养
			国家认同	国家民族认同
			国际理解	包容
	实践创新	创新	劳动意识	—
			问题解决	解决问题
			技术运用	—

本研究所提到的 11 个概念中有 9 个与国家核心素养中不同级别的概念有重合或高度一致性。这些概念包括学习、健康、公民素养、创新、包容、自我管理、科学与人文素养、解决问题和国家民族认同。这些概念在内涵上可能是依据不同的出发点进行的表述，但从其具体含义中可以看出一定程度的一致性。其差异主要表现为在内涵上的内容缩减，或在某些内容上的侧重和强调。

合作、沟通是国家核心素养没有特别提出的概念，但是在本研究中，为数不少的受访者特别是来自社会群体的受访者对此进行了强调。

六、研究结论

通过对焦点团体访谈结果进行分析得出北京市发展变化的主要特点：技术发展、人口问题、多元化、国际化、竞争加剧、经济发展快、人才密集与需求高端化、包容性增强、公民参与意识觉醒、社会气氛浮躁等。

为了在此社会发展背景下实现良好发展，人们应具备的关键核心技能包括学习、健康、合作、公民素养、创新、包容、自我管理、科学与人文素养、沟通、解决问题、国家民族认同。

基于核心素养的学业标准的效度研究
李美娟、王家祺、田一

一、研究背景

受北京市教育委员会委托，北京教育科学研究院团队近年开发了北京市义务教育阶段学科学业标准。学业标准的研制以我国义务教育阶段课程标准为根本依据，参照发达国家学业标准的研究状况，结合前期大规模学业水平测试结果，以年级为单位呈现内容标准与学业水平标准。北京市基于核心素养的学业标准的开发，是对当前学业标准的修订与升级，以期体现中国学生发展核心素养在各学科中的渗透路径，为学校教学指出相应的落实途径。

首先，项目组根据中国学生发展核心素养，结合北京市义务教育阶段学校教育教学实际，采用 Q 分类法和问卷调查法调查学科重点承载的国家核心素养要点。同时，借鉴普通高中课程标准，确定学科重点承载的核心素养要点。参加项目调查的学科主要包括小学语文、中学语文、小学品德与社会（以下简称"小学品社"）[①]、中学地理、小学科学、中学生物学、中学化学、中学物理 8 个学科。其中，中小学语文主要用来体现核心素养在学段中的纵向贯通情况，而小学科学、中学生物学、中学化学、中学物理主要用来体现科学学科群的横向统整情况。整体来看，调查对象明确了本学科重点承载的国家核心素养要点。它们全面涵盖了中国学生发展核心素养框架中的六大核心素养，对 18 个要点的覆盖率达到 83.3％。具体来讲，中小学语文学科重点承载的国家核心素养要点为人文积淀、审美情趣、批判质疑、乐学善学、信息意识、问题解决。

其次，项目组对北京市义务教育阶段原有的学业标准进行修订与升级。第一步，在确定各学科承载的国家核心素养和学科核心素养要点的基础上，

---

① 该研究做于品德与社会更名为道德与法治之前，故沿用旧名。

确定这些要点在学科中的内涵。第二步，邀请专家对各学科学业标准的内容标准具体承载的国家核心素养和学科核心素养要点进行编码，并对专家的编码结果进行一致性检验。经过 4 轮的结果反馈及修订，确定学科的内容标准条目及标定结果。

最后，项目组开展以上 8 个学科基于核心素养的学业标准的效度研究，即在前一阶段制定的基于核心素养的学业标准的基础上，继续开展实证研究，为基于核心素养的学业标准的出台提供进一步的证据。本报告将详细介绍效度研究的研究工具、研究对象、研究结果，以及研究结论和建议。

二、研究工具

基于核心素养的学业标准的效度研究主要采用调查问卷法。调查内容包括三部分：第一部分为调查对象的基本信息情况，包括性别、年龄、目前所教的年级、曾经所教的年级、目前的学历、目前学科教学的年限（图 1-4-1）。第二部分为对学科基于核心素养的学业成就水平描述的认同程度及修改建议。认同程度评定量表分为 5 点计分：①完全不认同，②基本不认同，③不确定，④基本认同，⑤完全认同（图 1-4-2）。第三部分为对国家核心素养要点、学科核心素养要点、学业成就水平的认同程度及修改建议。认同程度评定量表与第二部分相同（图 1-4-3）。

请您填写以下基本信息，在选项列从下拉菜单中选择相应的选项。	
	选项
1. 您的性别：	▼
2. 您的年龄：	①男 ②女
3. 您目前所教的年级：	
4. 您曾经所教的年级：	
5. 您目前的学历：	
6. 到目前为止，您物理学科教学的年限约为：	

图 1-4-1 调查对象基本信息作答样例

您是否认同物理学科基于核心素养的学业成就水平描述？（学业成就水平描述请详见“阅读材料”中第四步阅读内容）

物理学科	是否认同物理学科基于核心素养的学业成就水平描述（请从下拉菜单中选择认同程度）	修改建议（如选择了①、②、③选项，请写出修改建议）
优秀水平		
良好水平	①完全不认同 ②基本不认同 ③不确定	
合格水平	④基本认同 ⑤完全认同	

图 1-4-2　对学科基于核心素养的学业成就水平描述的认同程度作答样例

填写说明

作答部分中，第“D”“E”“G”“H”“J”“K”六列需要填写。
“国家核心素养认同程度”列：主要填写对此条内容标准具体承载的国家核心素养三级指标的认同程度。请您在下拉菜单中选择相应选项。其中选项包括：①完全不认同、②基本不认同、③不确定、④基本认同、⑤完全认同。下同。

“国家核心素养修改建议”列：如果国家核心素养三级指标认同程度选择①完全不认同、②基本不认同、③不确定，请在此列填写修改建议。

“学科核心素养认同程度”列：主要填写对此条内容标准具体承载的学科核心素养一级指标的认同程度。请您在下拉菜单中选择相应选项。

“学科核心素养修改建议”列：如果学科核心素养一级指标认同程度选择①完全不认同、②基本不认同、③不确定，请在此列填写修改建议。

“学业成就水平认同程度”列：主要填写对此条内容标准所对应学业成就水平的认同程度。请您在下拉菜单中选择相应选项。

“学业成就水平修改建议”列：如果学业成就水平认同程度选择①完全不认同、②基本不认同、③不确定，请在此列填写修改建议。

内容标准细目	年级	国家核心素养三级指	国家核心素养认同程	国家核心素养修改建	学科核心素养一级指	学科核心素养认同程	学科核心素养修改建议	学业成就水平层级	学业成就水平认同程	学业成就水平修改
1.1.3.5会查熔点表	78	问题解决			科学探究			合格		
1.1.3.6会根据给定的实验条件，探究凝固的变化过程及特点	78	勇于探究	①完全不认同 ②基本不认同 ③不确定 ④基本认同 ⑤完全认同		科学探究			优秀		
1.1.3.7知道凝固的变化过程及特点	78	理性思维			科学观念			合格		
1.1.3.8知道物质的凝固点	78	理性思维			科学观念			合格		
1.1.3.9了解凝固过程中的放热现象	78	理性思维			科学观念			合格		
1.1.3.10会根据给定的实验条件，探究影响液体蒸发快慢的因素	78	勇于探究			科学探究			优秀		
1.1.3.11会根据给定的实验条件，探究水沸腾的过程及特点	78	勇于探究			科学探究			优秀		
1.1.3.12知道汽化的变化过程及特点	78	理性思维			科学观念			合格		

图 1-4-3　对国家核心素养要点、学科核心素养要点、学业成就水平的认同程度作答样例

三、研究对象

基于核心素养的学业标准的效度研究的调查对象包括基础教育阶段 8 个学科的带头人、骨干教师、教研员、一线教师共 524 人，且各学科骨干教师人数比例为 41.4%～97.4%。表 1-4-1 呈现了每个学科所调查的教研员和一线教师的具体人数与骨干教师人数及其所占比例。

表 1-4-1　教研员和一线教师人数与骨干教师人数及其所占比例

学科	教研员和一线教师人数	骨干教师人数及其所占比例	学科	教研员和一线教师人数	骨干教师人数及其所占比例
小学语文	72	47(65.3%)	小学科学	60	52(86.7%)
中学语文	140	78(55.7%)	中学生物学	65	59(90.8%)
小学品社	39	38(97.4%)	中学化学	73	47(64.4%)
中学地理	15	13(86.7%)	中学物理	60	34(56.7%)

四、研究结果

(一)国家核心素养要点认同程度调查结果

1. 各学科国家核心素养要点认同程度调查结果

表 1-4-2 呈现了各学科参加调查的学业标准条数，以及调查对象对各学科学业标准的内容标准具体承载的国家核心素养要点标定的认同程度。需要说明的是，各学科并非安排所有学业标准参加调查，而是根据实际情况确定60％～100％的学业标准参加调查。调查结果表明，对于中学地理和中学物理学科，100％的调查对象认同条数百分比超过 90％，95％～100％的调查对象认同条数百分比约为 9％。对于中小学语文学科，100％的调查对象认同条数百分比约为 45％，95％～100％的调查对象认同条数百分比约为 55％。对于中学化学和小学品社学科，100％的调查对象认同条数百分比超过 80％，95％～100％的调查对象认同条数百分比约为 10％。对于小学科学学科，100％的调查对象认同条数百分比为 43.8％，95％～100％的调查对象认同条数百分比为38.5％。对于中学生物学学科，100％的调查对象认同条数百分比为 16.7％，95％～100％的调查对象认同条数百分比为 32.2％。综上得出，调查对象对各学科学业标准的内容标准具体承载的国家核心素养要点标定的认同程度较高。对于中小学语文、小学品社、中学地理、中学物理、中学化学学科，95％以上的调查对象认同条数百分比超过 90％；小学科学学科的这一比例超过 80％；中学生物学学科的这一比例达到 48.9％。

表 1-4-2 各学科国家核心素养要点认同程度调查结果

学科	参加调查的学业标准条数	100％的调查对象认同条数百分比	95％～100％的调查对象认同条数百分比	90％～95％的调查对象认同条数百分比	85％～90％的调查对象认同条数百分比	80％～85％的调查对象认同条数百分比	小于80％的调查对象认同条数百分比
小学语文	307	44.1％	55.9％	1.0％	—	—	—
中学语文	438	45.4％	54.6％	—	—	—	—
小学品社	93	85.0％	9.7％	5.4％	—	—	—

续表

学科	参加调查的学业标准条数	100％的调查对象认同条数百分比	95％～100％的调查对象认同条数百分比	90％～95％的调查对象认同条数百分比	85％～90％的调查对象认同条数百分比	80％～85％的调查对象认同条数百分比	小于80％的调查对象认同条数百分比
中学地理	156	91.0％	9.0％	—	—	—	
小学科学	130	43.8％	38.5％	15.4％	1.5％	0.8％	
中学生物学	90	16.7％	32.2％	27.8％	11.1％	3.3％	8.9％
中学化学	410	82.2％	15.4％	1.0％	0.2％	—	
中学物理	385	90.1％	9.9％	—	—	—	

2. 语文领域国家核心素养要点认同程度调查结果

表1-4-3呈现了调查对象对语文领域学业标准的内容标准具体承载的6个国家核心素养要点标定的认同程度。调查结果表明，在小学语文学科乐学善学、批判质疑、审美情趣、问题解决、信息意识层面，95％以上的调查对象认同的学业标准条数百分比均为100％；在人文积淀层面，95％以上的调查对象认同的学业标准条数百分比为98.2％。在中学语文学科乐学善学、批判质疑、人文积淀、审美情趣、问题解决、信息意识层面，95％以上的调查对象认同的学业标准条数百分比均为100％，100％的调查对象认同的学业标准条数百分比分别为85.5％、71.9％、30.5％、57.9％、80.0％、71.4％。综上得出，调查对象对语文领域学业标准的内容标准具体承载的6个国家核心素养要点标定的认同程度较高。调查对象对中学语文学科人文积淀和审美情趣标定的认同程度相对其他要点较低，对小学语文学科信息意识标定的认同程度相对其他要点较低。

表 1-4-3 语文领域国家核心素养要点认同程度调查结果

		乐学善学	批判质疑	人文积淀	审美情趣	问题解决	信息意识
小学语文	100％的调查对象认同条数百分比	58.1％	58.3％	38.3％	11.1％	100％	20.0％
	95％～100％的调查对象认同条数百分比	41.9％	41.7％	59.9％	88.9％	0	80.0％
中学语文	100％的调查对象认同条数百分比	85.5％	71.9％	30.5％	57.9％	80.0％	71.4％
	95％～100％的调查对象认同条数百分比	14.5％	28.1％	69.5％	42.1％	20.0％	28.6％

3. 科学领域国家核心素养要点认同程度调查结果

表 1-4-4 呈现了调查对象对科学领域学业标准的内容标准具体承载的 4 个国家核心素养要点标定的认同程度。调查结果表明，在小学科学学科理性思维、批判质疑、勇于探究层面，95％以上的调查对象认同的学业标准条数百分比为 75％及以上；在社会责任层面，95％以上的调查对象认同的学业标准条数百分比为 57.2％。在中学生物学学科理性思维、社会责任层面，95％以上的调查对象认同的学业标准条数百分比均为 60％左右；在批判质疑、勇于探究层面，95％以上的调查对象认同的学业标准条数百分比为 20％左右。在中学化学学科理性思维、批判质疑、社会责任、勇于探究层面，95％以上的调查对象认同的学业标准条数百分比为 90％以上，100％的调查对象认同的学业标准条数百分比分别为 85.0％、27.8％、90.8％、74.4％。在中学物理学科理性思维、批判质疑、社会责任、勇于探究层面，95％以上的调查对象认同的学业标准条数百分比均为 100％，100％的调查对象认同的学业标准条数百分比分别为 93.2％、0、89.7％、98.1％。综上得出，调查对象对科学领域 4 个国家核心素养要点标定的认同程度较高，对中学生物学学科批判质疑和勇于探究标定的认同程度相对其他要点较低，对小学科学学科社会责任标定的认同程度相对其他要点较低。

表 1-4-4　科学领域国家核心素养要点认同程度调查结果

		理性思维	批判质疑	社会责任	勇于探究
小学科学	100％的调查对象认同条数百分比	45.3％	50.0％	14.3％	16.7％
中学生物学		21.4％	0	33.3％	4.0％
中学化学		85.0％	27.8％	90.8％	74.4％
中学物理		93.2％	0	89.7％	98.1％
小学科学	95％～100％的调查对象认同条数百分比	34.9％	50.0％	42.9％	58.3％
中学生物学		38.1％	16.7％	33.3％	16.0％
中学化学		14.6％	66.7％	9.2％	23.1％
中学物理		6.8％	100％	10.3％	1.9％

（1）小学科学学科国家核心素养要点认同程度调查结果

表 1-4-5 呈现了调查对象对小学科学学科学业标准的内容标准具体承载的 6 个国家核心素养要点标定的认同程度。调查结果表明，在小学科学学科技术应用、批判质疑、珍爱生命层面，95％以上的调查对象认同的学业标准条数百分比均为 100％；在理性思维、社会责任、勇于探究层面，95％以上的调查对象认同的学业标准条数百分比分别为 80.2％、57.2％、75.0％；在 6 个国家核心素养要点层面，100％的调查对象认同的学业标准条数百分比分别为 65.0％、45.3％、50.0％、14.3％、16.7％、33.3％。综上得出，调查对象对小学科学学科 6 个国家核心素养要点标定的认同程度较高。其中，社会责任、勇于探究要点相对其他要点较低。

表 1-4-5　小学科学学科国家核心素养要点认同程度调查结果

	技术应用	理性思维	批判质疑	社会责任	勇于探究	珍爱生命
100％的调查对象认同条数百分比	65.0％	45.3％	50.0％	14.3％	16.7％	33.3％
95％～100％的调查对象认同条数百分比	35.0％	34.9％	50.0％	42.9％	58.3％	66.7％

（2）中学生物学学科国家核心素养要点认同程度调查结果

表 1-4-6 呈现了调查对象对中学生物学学科学业标准的内容标准具体承载

的 6 个国家核心素养要点标定的认同程度。调查结果表明，在技术应用层面，95％以上的调查对象认同的学业标准条数百分比为 100％；在理性思维、社会责任、珍爱生命层面，95％以上的调查对象认同的学业标准条数百分比约为 65％；在批判质疑、勇于探究层面，95％以上的调查对象认同的学业标准条数百分比分别为 16.7％、20.0％；在理性思维、批判质疑、社会责任、勇于探究、珍爱生命层面，85％以上的调查对象认同的学业标准条数百分比分别为 100％、83.4％、99.9％、64.0％、91.0％。综上得出，调查对象对中学生物学学科 6 个国家核心素养要点标定的认同程度较高。其中，调查对象对批判质疑、勇于探究标定的认同程度相对其他要点较低。

表 1-4-6 中学生物学学科国家核心素养要点认同程度调查结果

	技术应用	理性思维	批判质疑	社会责任	勇于探究	珍爱生命
100％的调查对象认同条数百分比	33.3％	21.4％	0	33.3％	4.0％	27.3％
95％～100％的调查对象认同条数百分比	66.7％	38.1％	16.7％	33.3％	16.0％	45.5％
90％～95％的调查对象认同条数百分比	0	28.6％	50.0％	0	32.0％	18.2％
85％～90％的调查对象认同条数百分比	0	11.9％	16.7％	33.3％	12.0％	0
小于85％的调查对象认同条数百分比	0	0	16.6％	0.1％	36.0％	9.0％

（3）中学化学学科国家核心素养要点认同程度调查结果

表 1-4-7 呈现了调查对象对中学化学学科学业标准的内容标准具体承载的 6 个国家核心素养要点标定的认同程度。调查结果表明，在中学化学学科社会责任、问题解决层面，95％以上的调查对象认同的学业标准条数百分比均为 100％；在理性思维、批判质疑、勇于探究层面，95％以上的调查对象认同的学业标准条数百分比为 94.5％～99.6％；在乐学善学层面，95％以上的调查对象认同的学业标准条数百分比为 84.6％。综上得出，调查对象对中学化学学科 6 个国家核心素养要点标定的认同程度较高。其中，调查对象对乐学善

学标定的认同程度相对其他要点较低。

表 1-4-7　中学化学学科国家核心素养要点认同程度调查结果

	乐学善学	理性思维	批判质疑	社会责任	问题解决	勇于探究
100％的调查对象认同条数百分比	53.8％	85.0％	27.8％	90.8％	94.3％	74.4％
95％～100％的调查对象认同条数百分比	30.8％	14.6％	66.7％	9.2％	5.7％	23.1％

（4）中学物理学科国家核心素养要点认同程度调查结果

表 1-4-8 呈现了调查对象对中学物理学科学业标准的内容标准具体承载的 6 个国家核心素养要点标定的认同程度。调查结果表明，在中学物理学科技术应用、理性思维、批判质疑、社会责任、问题解决、勇于探究层面，95％以上的调查对象认同的学业标准条数百分比均为 100％，100％的调查对象认同的学业标准条数百分比分别为 73.1％、93.2％、0、89.7％、79.6％、98.1％。综上得出，调查对象对中学物理学科各要点标定的认同程度均较高。

表 1-4-8　中学物理学科国家核心素养要点认同程度调查结果

	技术应用	理性思维	批判质疑	社会责任	问题解决	勇于探究
100％的调查对象认同条数百分比	73.1％	93.2％	0	89.7％	79.6％	98.1％
95％～100％的调查对象认同条数百分比	26.9％	6.8％	100％	10.3％	20.4％	1.9％

4. 小学品社学科国家核心素养要点认同程度调查结果

表 1-4-9 呈现了调查对象对小学品社学科学业标准的内容标准具体承载的 7 个国家核心素养要点标定的认同程度。调查结果表明，在小学品社学科国际理解、国家认同、理性思维层面，95％以上的调查对象认同的学业标准条数百分比均为 100％；在社会责任、问题解决层面，95％以上的调查对象认同的学业标准条数百分比分别为 94.4％、90.0％；在健全人格、珍爱生命层面，95％以上的调查对象认同的学业标准条数百分比分别为 85.7％、87.5％。综上

得出，调查对象对小学品社学科 7 个国家核心素养要点标定的认同程度均较高。

表 1-4-9　小学品社学科国家核心素养要点认同程度调查结果

	国际理解	国家认同	健全人格	理性思维	社会责任	问题解决	珍爱生命
100％的调查对象认同条数百分比	100％	100％	71.4％	83.3％	86.1％	50.0％	87.5％
95％～100％的调查对象认同条数百分比	0	0	14.3％	16.7％	8.3％	40.0％	0

5. 中学地理学科国家核心素养要点认同程度调查结果

表 1-4-10 呈现了调查对象对中学地理学科学业标准的内容标准具体承载的 6 个国家核心素养要点标定的认同程度。调查结果表明，在中学地理学科国际理解、国家认同、理性思维、人文情怀、问题解决、勇于探究层面，95％以上的调查对象认同的学业标准条数百分比均为 100％，100％的调查对象认同的学业标准条数百分比分别为 80.0％、92.3％、87.3％、100％、97.6％、89.5％。综上得出，调查对象对中学地理学科各要点标定的认同程度相对都较高。

表 1-4-10　中学地理学科国家核心素养要点认同程度调查结果

	国际理解	国家认同	理性思维	人文情怀	问题解决	勇于探究
100％的调查对象认同条数百分比	80.0％	92.3％	87.3％	100％	97.6％	89.5％
95％～100％的调查对象认同条数百分比	20.0％	7.7％	12.7％	0	2.4％	10.5％

(二)学科核心素养要点认同程度调查结果

1. 各学科核心素养要点认同程度调查总结果

表 1-4-11 呈现了调查对象对各学科学业标准的内容标准具体承载的学科核心素养要点标定的认同程度。调查结果表明，对于中学地理学科和中学化学学科，100％的调查对象认同的学业标准条数百分比为 90％以上。对于中学物理学科和小学品社学科，100％的调查对象认同的学业标准条数百分比为

80％左右。对于小学科学学科，100％的调查对象认同的学业标准条数百分比为 21.5％，95％～100％的调查对象认同的条数百分比为 46.9％。对于中学生物学学科，100％的调查对象认同的学业标准条数百分比为 12.2％，95％～100％的调查对象认同的条数百分比为 43.3％。对于中学语文学科，100％的调查对象认同的学业标准条数百分比为 61.0％，95％～100％的调查对象认同的条数百分比为 39％。对于小学语文学科，100％的调查对象认同的学业标准条数百分比为 0，95％～100％的调查对象认同的条数百分比为 46.6％。综上得出，对于中学语文、小学品社、中学地理、中学物理、中学化学学科，95％以上的调查对象认同的学业标准条数百分比超过 90％；小学科学超过 68％；中学生物学达到 55.5％；小学语文达到 46.6％。

表 1-4-11　各学科核心素养要点认同程度调查总结果

学科	100％的调查对象认同条数百分比	95％～100％的调查对象认同条数百分比	90％～95％的调查对象认同条数百分比	85％～90％的调查对象认同条数百分比	80％～85％的调查对象认同条数百分比	小于80％的调查对象认同条数百分比
小学语文	0	46.6％	46.9％	5.5％	0.7％	0.3％
中学语文	61.0％	39.0％	—	—	—	—
小学品社	79.6％	15.1％	4.3％	1.1％		
中学地理	91.0％	8.3％	0.6％	—		
小学科学	21.5％	46.9％	29.2％	1.5％	0	0.9％
中学生物学	12.2％	43.3％	20.0％	13.3％	5.6％	5.6％
中学化学	93.2％	6.8％	—	—		
中学物理	78.7％	19.0％	1.8％	0.5％	—	—

2. 语文领域学科核心素养要点认同程度调查结果

表 1-4-12 呈现了调查对象对语文领域学科学业标准的内容标准具体承载的学科核心素养要点标定的认同程度。调查结果表明，在小学语文审美鉴赏与创造、思维发展与提升、文化理解与传承、语言建构与应用层面，95％以上的调查对象认同的学业标准条数百分比分别为 41.5％、55.3％、56.1％、

44.4%，90%以上的调查对象认同的学业标准条数百分比分别为 90.0%、94.8%、97.6%、93.8%。在中学语文审美鉴赏与创造、思维发展与提升、文化理解与传承、语言建构与应用层面，95%以上的调查对象认同的学业标准条数百分比均为 100%，100%的调查对象认同的学业标准条数百分比分别为 56.5%、70.1%、15.9%、73.0%。综上得出，调查对象对语文领域 4 个学科核心素养要点标定的认同程度较高。其中，调查对象对小学语文审美鉴赏与创造、思维发展与提升、文化理解与传承、语言建构与应用标定的认同程度略低于中学语文，对中学语文文化理解与传承标定的认同程度相对于其他要点较低。

表 1-4-12　语文领域学科核心素养要点认同程度调查结果

		审美鉴赏与创造	思维发展与提升	文化理解与传承	语言建构与应用
小学语文	100%的调查对象认同条数百分比	0	0	0	0
	95%～100%的调查对象认同条数百分比	41.5%	55.3%	56.1%	44.4%
	90%～95%的调查对象认同条数百分比	48.5%	39.5%	41.5%	49.4%
	90%以下的调查对象认同条数百分比	10.0%	5.3%	2.4%	6.2%
中学语文	100%的调查对象认同条数百分比	56.5%	70.1%	15.9%	73.0%
	95%～100%的调查对象认同条数百分比	43.5%	29.9%	84.1%	27.0%

3. 科学领域各学科核心素养要点认同程度调查结果

表 1-4-13 呈现了调查对象对科学领域各学科学业标准的内容标准具体承载的学科核心素养要点标定的认同程度。调查结果表明，在小学科学科学观念层面，95%以上的调查对象认同的学业标准条数百分比为 77.2%；在科学探究层面，95%以上的调查对象认同的学业标准条数百分比为 60.0%；在科

学思维、科学态度与责任层面，95％以上的调查对象认同的学业标准条数百分比为50.0％左右。在中学生物学科学态度与责任层面，95％以上的调查对象认同的学业标准条数百分比为80.0％；在科学观念、科学思维、科学探究层面，95％以上的调查对象认同的学业标准条数百分比均为50％左右。在中学化学科学观念、科学思维、科学探究、科学态度与责任层面，95％以上的调查对象认同的学业标准条数百分比均为100％，100％的调查对象认同的学业标准条数百分比分别为97.1％、98.2％、87.4％、89.1％。在中学物理科学观念、科学思维、科学探究、科学态度与责任层面，95％以上的调查对象认同的学业标准条数百分比均为90％以上，100％的调查对象认同的学业标准条数百分比分别为77.9％、71.7％、85.1％、80.0％。综上得出，调查对象对科学领域各学科学业标准4个学科核心素养要点标定的认同程度较高。其中，调查对象对小学科学科学思维、科学态度与责任、科学探究标定的认同程度相对其他要点较低，对中学生物学科学观念、科学思维、科学探究标定的认同程度相对其他要点较低。

表 1-4-13　科学领域各学科核心素养要点认同程度调查结果

		科学观念	科学思维	科学探究	科学态度与责任
小学科学	100％的调查对象认同条数百分比	26.1％	7.1％	10.0％	50.0％
中学生物学		4.4％	4.6％	6.7％	46.7％
中学化学		97.1％	98.2％	87.4％	89.1％
中学物理		77.9％	71.7％	85.1％	80.0％
小学科学	95％～100％的调查对象认同条数百分比	51.1％	39.3％	50.0％	0
中学生物学		47.8％	45.5％	43.3％	33.3％
中学化学		2.9％	1.8％	12.6％	10.9％
中学物理		19.7％	28.3％	12.6％	12.0％

4. 中学地理学科核心素养要点认同程度调查结果

表 1-4-14 呈现了调查对象对中学地理学科学业标准的内容标准具体承载的学科核心素养要点标定的认同程度。调查结果表明，在中学地理学科地理

实践力、区域认知、人地协调、人地协调观层面，95％以上的调查对象认同的学业标准条数百分比均为 100％；在综合思维层面，95％以上的调查对象认同的学业标准条数百分比为 98.7％。综上得出，调查对象对中学地理学科学业标准 4 个学科核心素养要点标定的认同程度较高。

表 1-4-14 中学地理学科核心素养要点认同程度调查结果

	地理实践力	区域认知	人地协调	人地协调观	综合思维
100％的调查对象认同条数百分比	95.2％	100％	100％	96.2％	84.0％
95％～100％的调查对象认同条数百分比	4.8％	0	0	3.8％	14.7％

（三）学科学业成就水平认同程度调查结果

1. 语文领域学科学业成就水平认同程度调查结果

表 1-4-15 呈现了语文领域学科学业成就水平认同程度的调查结果。调查结果表明，在小学语文合格、良好、优秀层面，95％以上的调查对象认同条数百分比分别为 33.3％、43.3％、63.4％，90％以上的调查对象认同条数百分比分别为 89.2％、94.3％、97.1％。在中学语文合格、良好、优秀层面，95％以上的调查对象认同条数百分比均为 100％，100％的调查对象认同条数百分比分别为 43.8％、46.6％、43.8％。综上得出，调查对象对语文领域学科学业成就水平标定的认同程度较高。与小学语文相比，调查对象对中学语文学业成就水平标定的认同程度更高。

表 1-4-15 语文领域学科学业成就水平认同程度调查结果

		合格	良好	优秀
小学语文	100％的调查对象认同条数百分比	0	0	0
	95％～100％的调查对象认同条数百分比	33.3％	43.3％	63.4％
	90％～95％的调查对象认同条数百分比	55.9％	51.0％	33.7％
中学语文	100％的调查对象认同条数百分比	56.2％	53.4％	56.2％
	95％～100％的调查对象认同条数百分比	43.8％	46.6％	43.8％

2. 科学领域各学科学业成就水平认同程度调查结果

表 1-4-16 呈现了科学领域各学科学业成就水平认同程度的调查结果。调查结果表明，在中学化学合格、良好、优秀层面，95％以上的调查对象认同条数百分比均为 96％以上，100％的调查对象认同条数百分比分别为 70.5％、65.6％、81.4％。在中学物理合格、良好、优秀层面，95％以上的调查对象认同条数百分比均为 100％，100％的调查对象认同条数百分比分别为 94.8％、88.5％、84.4％。综上所述，调查对象对中学化学、中学物理的合格、良好、优秀标定的认同程度均较高。

表 1-4-16　科学领域各学科学业成就水平认同程度调查结果

		合格	良好	优秀
中学化学	100％的调查对象认同条数百分比	70.5％	65.6％	81.4％
中学物理		94.8％	88.5％	84.4％
中学化学	95％～100％的调查对象认同条数百分比	26.3％	31.2％	16.3％
中学物理		5.2％	11.5％	15.6％

五、研究结论和建议

总体来看，教研员、一线教师对各学科学业标准的内容标准具体承载的国家核心素养要点的认同程度较高。对于语文、小学品社和中学地理学科，以及科学领域的中学化学和中学物理学科，95％以上的调查对象认同条数百分比均在 90％以上，小学科学的这一比例为 82.3％，中学生物学的这一比例为 48.9％。教研员、一线教师对各学科学业标准的内容标准具体承载的学科核心素养要点的认同程度较高。除小学语文外，对于其他学科，95％以上的调查对象认同条数百分比均超过 95％。除中学语文、中学化学外，教研员、一线教师对其他学科的学科核心素养的认同程度略低于国家核心素养。教研员、一线教师对语文领域和科学领域各学科学业成就水平的认同程度较高。与小学语文相比，教研员、一线教师对中学语文学业成就水平的认同程度更高。

本研究结果主要用于修订内容标准所承载的核心素养要点和学业成就水平层级，所以调查对象不认同的意见是各学科反思和改进的实证依据。

第二部分　学生发展核心素养培育的实践探索

核心素养应用路径的实证研究
—— 以北京市义务教育阶段学业标准为载体

张咏梅、胡进、田一、李美娟、王家祺

学生发展核心素养主要是指学生应该具备的能够适应个人终身发展和社会发展需要的必备品格和关键能力。来自中国知网的文献检索数据表明，在哲学与社会科学、人文科学Ⅱ辑的文献分类目录下，篇名中包含"核心素养"一词的文章数量在 2016 年呈现井喷之势：全部期刊搜索有 502 篇，其中核心期刊和 CSSCI 期刊搜索共有 164 篇，远高于 2015 年全部期刊搜索 67 篇、核心期刊和 CSSCI 期刊搜索 36 篇。[①] 论述内容也已由对国际核心素养研究基础理论框架与应用的介绍与反思，开始转向我国核心素养框架的建构、结构、

———————————

① 来自中国知网 2017 年 3 月 18 日查询结果。

内涵与应用路径的探索。由此可见，核心素养研究已成为我国当前基础教育界的焦点话题之一。

一、问题提出

(一)国际核心素养研究与应用现状

核心素养是教育培养的目标指向，是决定国家未来竞争力的关键，近年来受到联合国教科文组织、欧盟、经济合作与发展组织等国际组织与世界各国的高度重视。对核心素养最有影响力的系统研究可追溯至20世纪末经济合作与发展组织启动的"素养的界定与遴选"项目。该项目将核心素养界定为"使个人在21世纪能够成功生活、能够适应并促进社会进步的为数不多的关键素养"。其以反思性思考和行动为核心，提出核心素养框架构成的三大类别：能互动地使用工具、能自主行动(自我)和能在社会异质团体中互动。三大类别相互依存，根据不同的情境，发挥的作用有所差异。该项目为全球国际组织和各国建构本区域或本国核心素养起到了奠基性作用，也为国际学生评价项目测试素养领域的确定与启动起到了理论基础的作用。

其后，许多国际组织、国家和地区都陆续建立起本区域的核心素养框架，引导学校教育改革。综合分析可以发现，尽管各地所建构的指标体系有所差异，却也呈现出共同特征：均定位于本区域未来人的培养目标、从功能论视角而非人类社会理想或教育理想的哲学视角所提出的核心素养要素基本可划归至上述三大类别范畴中去——人与工具、人与自我、人与社会。

围绕核心素养框架制订课程计划与实施教学是将核心素养融入中小学教育、实现培养目标的最为高效和便捷的途径。作为课程设计的DNA，核心素养已成为当前许多国家教育改革的支柱性理念，对研制课程改革计划和编制课程标准起着重要的推动作用。由国际经验来看，其应用路径为：绝大多数国家选择采用了自上至下的实施路线，即由国家或区域层面根据人才培养战略目标研究公布核心素养内涵与框架，依次历经制订课程规划、开发或修订课程标准(或学业标准)和实施方案、开发课程资源、引导课堂教学与学业评价等环节，从而有目的、有计划、有步骤地将核心素养要义通过课程实施高效率地落实在教学实践过程中。同时，需要指出的是，从全球范围来说，基于核心素养的课堂教学与评价应用仍处于初步探索阶段。

(二)我国的核心素养研究与应用现状

1.中国核心素养框架的提出

长期以来，"培养什么人"是我国教育研究的重要课题。2014 年 3 月 30日，教育部正式印发了《关于全面深化课程改革 落实立德树人根本任务的意见》，首次在国家文件中从培养目标的角度提出"研究制订学生发展核心素养体系和学业质量标准"。

在全球核心素养研究背景下，北京师范大学承担了教育部重大攻坚项目"我国基础教育和高等教育阶段学生核心素养研究"。项目组选取有代表性的 5个国际组织和 24 个经济体的 21 世纪核心素养框架开展先期的研究探索，并在综合国际经验以及我国国情的基础上，采用焦点小组访谈、个别化访谈与问卷调查相结合的方式，对代表 10 类社会群体的 608 名有影响力的专家人士进行了意见调查与征询。2016 年 9 月，项目组公布了中国学生发展核心素养的总体框架与基本内涵。其以科学性、时代性和民族性为基本原则，以培养"全面发展的人"为核心，分为文化基础、自主发展、社会参与三个方面，三个方面彼此关联、相互补充、相互影响，构成一个整体，综合表现为人文底蕴、科学精神、学会学习、健康生活、责任担当和实践创新六大素养，具体细化为 18 个基本要点。框架的提出，标志着我国学生核心素养理论体系基本形成。

当前，尽管有人针对中国学生发展核心素养框架的构成还存有疑问，但其作为连接宏观教育理念、培养目标与具体教育教学实践的桥梁作用已得到认同，也将促进当前"以学科体系为中心"的侧重知识建构的课程教学向"以完整人为中心"的强调素养培育的课程教学的迈进。

2.学科核心素养框架的提出

我国学生发展核心素养总体框架提出后，如何及时开展转化研究，落实基于核心素养的教育改革实践途径与策略，真正实现其育人功能与价值成为当前迫切需要解决的问题。公布稿明确建议，落实途径为：一是通过课程改革落实核心素养，建议对接课程标准的修订；二是通过教学实践落实核心素养，引领与促进教师的专业发展；三是通过教育评价落实核心素养，建议建立基于核心素养的学业标准，引领考试评价改革。将其与全球各国的实践特征相对比可以看出，这三个方面是环环递进、逐步走向实践的过程，而其中将核心素养融入课程标准、与课程标准对接是基础。

我国于 2003 年颁布了普通高中课程标准(实验稿)，并于 2014 年启动对其的修订。新的普通高中各学科课程标准的重要变化之一在于：在与中国学生发展核心素养框架对接的同时，又提出了转化概念"学科核心素养"。学科核心素养是学生发展核心素养在特定学科(或学习领域)的具体化，是学生学习一门学科(或特定学习领域)之后所形成的具有学科特点的关键成就，是学科育人价值的集中体现。表 2-1-1 呈现了各学科的核心素养框架要点。

表 2-1-1　我国普通高中部分学科核心素养一览表

学科	学科核心素养名称	学科	学科核心素养名称
语文	语言建构与运用 思维发展与提升 审美鉴赏与创造 文化传承与理解	数学	数学抽象 逻辑推理 数学建模 直观想象 数学运算 数据分析
物理	物理观念 科学思维 实验探究 科学态度与责任	化学	宏观辨识与微观探析 变化观念与平衡思想 证据推理与模型认知 科学探究与创新意识 科学态度与社会责任
生物学	生命观念 科学思维 科学探究 社会责任	历史	唯物史观 时空观念 史料实证 历史解释 家国情怀

续表

学科	学科核心素养名称	学科	学科核心素养名称
思想政治	政治认同 科学精神 法治意识 公共参与	地理	人地协调观 综合思维 区域认知 地理实践力

这种做法在国际范围内尚未有先例。有学者提出从理想教育角度来说，学科核心素养作为连接内容标准与学生核心素养的纽带，必将成为研制新的课程标准的关键环节。这样做的最大益处在于通过将学生核心素养转化为学科核心素养，将"空中楼阁"中的学生核心素养操作化落地。

3. 我国实践层面的推进现状

与其他各国从上至下实施核心素养的路径不同，与中国学生发展核心素养的研究、高中课程标准学科核心素养的研究相并行，我国在实践层面的应用探索迅猛铺开。实践推进主要集中在两个方面：一是以校本课程为入手点，在学校层面的自发探索。其中，具有代表性的是清华大学附属小学"1＋X课程"。也有学校开始将原有课程框架重新规划、整合，从而承接国家学生发展核心素养。二是以教学或评价为入手点在学科层面的实践探索。其中，最具代表性的是学科核心素养的实践应用研究，有些区域、学校依此或开拓新的学科研究领域，或重新规划、整合、实施已有的教学研究，从而承接学科核心素养。前者的探索主要围绕总层面、跨学科的中国学生发展核心素养来进行，而后者的探索则围绕学科核心素养的探索进行。

(三)北京市义务教育阶段核心素养实践面临的困境及研究问题

1. 面临的困境

在上述国家层面核心素养研究与学科/区域/学校核心素养实践的背景下，北京市处于中间层面，定位于理论与实践融合区的省级课程，教学与评价研究机构面临着理论与实践的双重"夹击"的困境，表现如下。

理念层面。第一，中国学生发展核心素养与学科核心素养之间的转承关系较为模糊：一方面，从培养"完整人"的角度看，学生发展核心素养与各学科核心素养内在的关联路径尚不清晰或各学科核心素养在学生发展核心素养中所承担的作用仍不明确；另一方面，学科核心素养中的某些重要概念也缺乏与学生发展核心素养较为一致的内涵表达。第二，学科间甚至学科群内缺乏较为统一的核心素养框架和重要概念的内涵表达，如科学类学科群——物理、化学与生物学等，即使存在相近的概念，由于各自均更为强调本学科特征也难以融合与贯通。第三，学科核心素养缺乏对于通用素养的关注，如信息素养、学会学习、交流合作等。第四，高中阶段学科核心素养与义务教育阶段学科核心素养的关系暂不明确，是否可以在本学科内义务教育阶段贯通延伸使用未有说明。由于各教育阶段间、学科或领域科目间核心素养的连贯性、统整性及衔接性的缺乏，人们对于核心素养的理解陷于困境。

实践层面。一方面，由于学生发展核心素养体系与学科核心素养体系间转承困境的存在，客观上产生了两体系间相互隔离、脱节的情况，导致人们在实践层面产生了价值认识上的混乱；另一方面，以学校为主体所进行的核心素养实践应用虽勇气可嘉，但由于缺乏整体的理论思考与实施方法设计，具有很大程度的盲目性。

上述状况给省级层面的课程、教学和评价实施带来了极大的挑战。如何从培养"完整人"的角度出发，以学科课程教学为主要载体落实学生发展核心素养，引领学校和教师向可行的现实目标迈进是当前面临的重大又迫切的问题。

2. 本研究期待解决的问题

从理念和实践层面的困境入手，以培养"全面发展的人"为目标，期待在北京市义务教育阶段解决以下问题：力图厘清中国学生发展核心素养与学科课程教学之间的关系、学科核心素养与学科课程教学之间的关系、中国学生发展核心素养与学科核心素养之间的关系；在现有复杂的理论与实践背景下，寻找可能的载体，探索中国学生发展核心素养和学科核心素养在教学评价中的应用途径。

二、研究设计思路

(一)研究目的

基于已有的研究，系统探索北京市义务教育阶段实践应用核心素养的现实路径，为北京市基于核心素养的教学评价的改进提供方向。

(二)研究总体设计思路

1. 核心观点

学生发展核心素养与现有的学科课程之间是整体与部分的关系：每一门学科课程有重点地对部分核心素养做出独特贡献，所有学科课程可以全面涵盖学生发展核心素养，指向"完整人"的培育。

核心素养可通过修订或重构学业标准在义务教育阶段应用落实：作为适应个人终身发展和社会发展需要的必备品格和关键能力，核心素养相对宽泛、宏观，而学业质量标准与学科能力紧密相关，是核心素养在某个学科中的具体体现。以学业标准为载体是实现核心素养落实的高效便捷的途径。

2. 总体设计思路

本研究从北京市义务教育阶段现实问题出发，采用实证研究的技术路线，由两个密切相关的研究阶段构成。

研究一：采用问卷调查法，确定学生发展核心素养与学科重点承载关系，以及借鉴高中阶段学科核心素养到义务教育阶段的必要性与可行性。

研究二：采用编码法，基于研究对当前的北京市义务教育阶段学业标准进行修订与升级，确定学生发展核心素养、学科核心素养在北京市义务教育阶段中的渗透与应用路径。

研究一将为研究二的开展提供前提与基础。

(三)已有研究基础

2013-2015年，受北京市教育委员会委托，北京教育科学研究院专业人员陆续开发了北京市义务教育阶段13个学科的学业标准。学业标准，是指在正常的学校教育条件下，从素养和能力的角度，对北京市义务教育阶段各年级学生应该达到的学习结果程度的描述，即学生经历不同阶段的学校教育后应该知道什么、应该能做什么。

北京市学业标准的研制，以我国义务教育阶段课程标准为根本依据，参照教育发达国家学业标准的研究状况，结合前期大规模学业水平测试结果，以年级为单位呈现内容标准与学业水平标准。北京市义务教育阶段学生学业标准由评价框架、内容标准、学业表现标准、教学设计与评价设计样例构成。

三、研究一：北京市义务教育阶段各学科重点承载的中国学生发展核心素养要点调查

(一)研究目的

依据《中国学生发展核心素养(征求意见稿)》(2016 年 2 月 22 日，中国教育学会)①，结合北京市义务教育阶段学校教育教学实际，调查研究确定学科承载的核心素养要点、义务教育阶段学科核心素养借鉴高中学科核心素养框架与内涵的必要性。

(二)研究方法

问卷调查法、Q 分类法②。

(三)研究对象

选择小学品德与社会(以下简称"小学品社")、小学语文、中学语文、小学科学、中学物理、中学化学、中学生物学、中学地理 8 个学科。其中，中小学语文着力体现核心素养在学段中的纵向贯通情况；小学科学、中学物理、中学化学、中学生物学和中学地理着力体现核心素养在科学学科群间的横向统整情况。

调查对象：来自北京市小学品社、小学语文、中学语文、小学科学、中学物理、中学化学、中学生物学、中学地理 8 个学科的研究对象 1605 人。其中，国家级课程专家 6 名，学科教学专家 74 名，教师 1525 名。其中，专家包

---

① 调查于 2016 年 5~6 月进行，当时《中国学生发展核心素养》的终稿还未正式发布。
② Q 分类法(Q-classification method)，用于研究个体间相互关系的方法。Q 分类法的实质是按照对称分布(如正态分布)的要求，对标有不同的陈述的卡片进行分类，然后进行统计分析。

括国家课程标准组成员、高校及科研院所教育领域课程专家、学科教学论专家、出版社课程教材专家等。教师是指特级教师、市区两级的教研员、学科带头人、骨干教师和学校学科教研组组长等。

(四)研究工具与实施过程

研究工具:调查问卷包括以下三个部分。

关于中国学生发展核心素养框架的调查:根据《中国学生发展核心素养(征求意见稿)》,请将要点按照要求拖拽到分类图中去。具体要求是"请从九大核心素养框架中的 25 个要点中,挑选出您认为本学科重点承载的最重要的 2 项要点、很重要的 6 项要点、重要的 9 项要点、一般重要的 6 项要点、较不重要的 2 项要点"。依据 Q 分类法正态分布的要求,确定了上述 2、6、9、6、2 的各分类要点数目。

关于高中学科核心素养的调查:根据高中本学科核心素养,请回答它"是否有必要借鉴、是否可以借鉴迁移到义务教育阶段本学科核心素养的构成中""是全部可借鉴还是部分可借鉴"。

关于权重的调查:根据以上调查结果,请回答"您认为来自各群体(学科课程和教学专家、教研员、中小学教师和其他研究机构人员所构成的四类群体)的调查结果,在总调查结果中应占的权重比例"。

实施过程:研究工具网上呈现时间为 2016 年 5 月 31 日至 6 月 6 日,由各调查对象在此时间段内上网独立完成。

(五)数据分析方法

应用 SPSS 20.0 进行描述性统计分析、相关分析。

(六)研究结果

1. 各学科重点承载的中国学生发展核心素养要点情况的调查结果

表 2-1-2 呈现了 8 个学科重点承载的排名前 10 位的核心素养要点的调查结果。综合分析表明,8 个学科重点承载的核心素养要点在九大核心素养上均有体现,相对集中于人文底蕴和科学精神两大素养;8 个学科重点承载的核心素养的要点涵盖了九大素养下的 21 个要点,未涉及的 4 个要点分别是勤于反思、数字学习、适性发展和热爱劳动。

　　深入分析可以看出，中小学语文学科在前 10 名要点上基本一致，共同关注人文积淀、文化自信、人文情怀等；此外，中学语文更强调理性思维、批判质疑，小学语文则更强调乐学善学、合作担当等要点。隶属于科学学科群的小学科学、中学物理、中学化学、中学生物学、中学地理学科也有许多共同要点，包括理性思维、问题解决和合作担当等，同时也各有不同的重点。小学品社学科重点承载诚信友善、国家意识、健全人格、珍爱生命、合作担当、法治信仰、生态意识等要点。

表 2-1-2　各学科重点承载的中国学生发展核心素养要点（初步调查结果）

核心素养	要点	小学品社	小学语文	中学语文	小学科学	中学物理	中学化学	中学生物学	中学地理
社会责任	诚信友善	◎	○	○	⌒	⌒	⌒		
	合作担当	○	⌒		○	○	○	○	○
	法治信仰	○							
	生态意识	○			○	○	○	○	◎
国家认同	国家意识	◎	⌒	○					○
	政治认同	⌒							
	文化自信	⌒	○	○					
国际理解	全球视野								◎
	尊重差异								○
人文底蕴	人文积淀		◎	◎					
	人文情怀		◎	◎					⌒
科学精神	崇尚真知				○	◎	○	○	⌒
	理性思维			⌒	◎	◎	◎	◎	○
	勇于探究	○			◎		◎	○	○
审美情趣	感悟鉴赏		○	○					
	创意表达		○	○					

续表

核心素养	要点	小学品社	小学语文	中学语文	小学科学	中学物理	中学化学	中学生物学	中学地理
学会学习	乐学善学		○		⌒		⌒	⌒	
	勤于反思								
	数字学习								
身心健康	珍爱生命	○			○			◎	
	健全人格	○	○	○		⌒		⌒	
	适性发展								
实践创新	热爱劳动								
	批判质疑			⌒	○	○	○	○	
	问题解决				○	○	○	○	○

注：符号◎表示最重要、符号○表示很重要、符号⌒表示重要。

表 2-1-3 呈现了 8 个学科对 25 个要点排名顺序情况的相关分析结果。其中，小学语文与中学语文之间的相关系数为 0.938，达到极高水平；科学学科群（小学科学、中学物理、中学化学、中学生物学）之间的相关系数处于 0.835～0.980，达到很高水平；中小学语文与科学学科群的相关系数处于较低水平（-0.062～0.200）；中学地理与科学学科群、小学品社之间的相关系数处于中等程度（0.426～0.527）；小学品社与科学领域内学科中学地理、小学品社与中小学语文的相关系数处于较低程度（0.152～0.257）。深入分析可以看出，小学品社、中小学语文、科学学科群相互之间较为独立。此外，中学地理在科学学科群中，与其他科学学科相关度不高，保持着一定的独立性。

表 2-1-3　各学科重点承载的中国学生发展核心素养要点排序调查结果间的相关系数

	小学品社	小学语文	中学语文	小学科学	中学物理	中学化学	中学生物学	中学地理
小学品社	1							
小学语文	0.257	1						
中学语文	0.237	0.938**	1					

续表

	小学品社	小学语文	中学语文	小学科学	中学物理	中学化学	中学生物学	中学地理
小学科学	0.319	0.145	0.060	1				
中学物理	0.279	0.200	0.138	0.933**	1			
中学化学	0.379	0.000	−0.062	0.951**	0.835**	1		
中学生物学	0.235	0.159	0.059	0.980**	0.952**	0.914**	1	
中学地理	0.426*	0.152	0.188	0.497*	0.456*	0.527**	0.509**	1

表 2-1-4 呈现了每个学科的教师与专家群体对本学科重点承载的中国学生发展核心素养要点排序的加权相关分析结果。可以看出，两类调查对象群体对于本学科领域重点承载的核心素养要点的认同一致性程度均处于较高水平（$r>0.79$）。相对而言，科学学科群的调查对象群体间的认同一致性程度最高（$r>0.90$），中学语文、小学品社、小学语文的认同一致性程度略低。

表 2-1-4　教师与专家群体对学科重点承载的中国学生发展核心素养要点排序的相关系数

学科	相关系数
小学品社	0.799
小学语文	0.803
中学语文	0.794
小学科学	0.952
中学物理	—
中学化学	0.923
中学生物学	0.944
中学地理	0.929

2. 义务教育阶段学科借鉴高中学科核心素养的必要性的调查结果

表 2-1-5 呈现了来自 8 个学科的调查对象认为借鉴本学科高中学科核心素养及其要素的必要性。结果表明，绝大部分（$>80\%$）调查对象认为借鉴高中学科核心素养整体框架及要素至本学科很有必要，但在认同程度上略存差异。

可能是一方面鉴于义务教育阶段学生的身心发展特征，小学语文学科对于借鉴"审美鉴赏与创造"要素的认同程度略低（85.5%）；另一方面鉴于小学阶段的学科特征，小学品社对于整体借鉴高中思想政治和历史学科框架的认同程度较低（82.7%），小学科学对于整体借鉴高中物理、化学、生物学、地理学科框架的认同程度较低（87.6%）。

表 2-1-5　义务教育阶段学科借鉴高中学科核心素养及其要素的必要性

学科	同意借鉴整体的百分比	同意借鉴各要素的百分比	
小学语文	93.0%	语言建构与运用	89.7%
		思维发展与提升	92.1%
		审美鉴赏与创造	85.5%
		文化传承与理解	90.9%
中学语文	95.0%	语言建构与运用	98.2%
		思维发展与提升	99.4%
		审美鉴赏与创造	96.5%
		文化传承与理解	97.1%
中学物理	96.2%	物理观念	99.5%
		科学思维	96.2%
		实验探究	97.6%
		科学态度与责任	98.6%
中学化学	94.7%	宏观辨识与微观探析	97.9%
		变化观念与平衡思想	96.5%
		证据推理与模型认知	96.5%
		科学探究与创新意识	98.6%
		科学态度与社会责任	96.5%

续表

学科	同意借鉴整体的百分比	同意借鉴各要素的百分比	
中学生物学	96.3%	生命观念	94.5%
		科学思维	93.3%
		科学探究	93.3%
		社会责任	93.9%
中学地理	98.1%	人地协调观	99.5%
		综合思维	96.2%
		区域认知	97.6%
		地理实践力	98.6%
小学品社	82.7%	高中思想政治(各维度均值)	92.1%
		高中历史(各维度均值)	87.0%
小学科学	87.6%	高中物理(各维度均值)	94.3%
		高中化学(各维度均值)	86.5%
		高中生物学(各维度均值)	95.0%
		高中地理(各维度均值)	80.2%

注：小学品社、小学科学学科均在高中阶段没有完全对应的科目。考虑到学习内容的系统性，小学品社学科对应调查了高中思想政治、高中历史学科的核心素养，小学科学学科对应调查了高中物理、高中化学、高中生物学、高中地理学科的核心素养。

3. 研究结果调整

2016 年 9 月 13 日，北京师范大学项目组对于《中国学生发展核心素养（征求意见稿）》的内容架构进行了调整，公布了以"全面发展的人"为指向，由三个方面、六大核心素养、18 个基本要点构成的新框架。学科研究人员参照前期研究结果，以学生发展核心素养及要点的内涵表达为线索，对前期结果进行了调整，重新确定的本学科重点呈现的要点结果如表 2-1-6 所示。

由表 2-1-6 可以看出，8 个学科重点承载的中国学生发展核心素养的要点均为 6 个。其中，小学品社重点承载理性思维、珍爱生命、健全人格、社会责任、国家认同、国际理解；中小学语文学科重点承载人文积淀、审美情趣、批判质疑、乐学善学、信息意识、问题解决。科学学科群（不含中学地理）共同承载的要点有 5 个：理性思维、批判质疑、勇于探究、社会责任、问题解决。此外，小学科学和中学物理均重点承载技术运用，中学化学重点承载乐学善学，中学生物学重点承载珍爱生命。中学地理与科学学科群有 3 个共同要点：理性思维、勇于探究、问题解决，此外还重点承载人文情怀、国家认同和国际理解。

综合分析可以看出，8 个学科重点承载的要点在六大核心素养上均有体现，较为集中于科学精神、责任担当和实践创新。8 个学科重点承载的要点涵盖了六大核心素养的 15 个要点，其中 7 个学科涉及问题解决，6 个学科涉及理性思维、批判质疑，5 个学科涉及勇于探究、社会责任，未涉及的 3 个要点分别是学会学习素养中的勤于反思、健康生活素养中的自我管理和实践创新素养中的劳动意识。

表 2-1-6　各学科重点承载的中国学生发展核心素养要点（最终确定结果）

核心素养方面	六大核心素养	18个要点	小学品社	小学语文	中学语文	小学科学	中学物理	中学化学	中学生物学	中学地理
文化基础	人文底蕴	人文积淀		◎	◎					
		人文情怀								◎
		审美情趣		◎	◎					
	科学精神	理性思维	◎			◎	◎	◎	◎	◎
		批判质疑		◎	◎	◎	◎	◎	◎	
		勇于探究				◎	◎	◎	◎	◎
自主发展	学会学习	乐学善学		◎	◎			◎		
		勤于反思								
		信息意识		◎	◎					
	健康生活	珍爱生命	◎						◎	
		健全人格	◎							
		自我管理								

续表

核心素养方面	六大核心素养	18个要点	小学品社	小学语文	中学语文	小学科学	中学物理	中学化学	中学生物学	中学地理
社会参与	责任担当	社会责任	◎			◎	◎	◎	◎	
		国家认同	◎							◎
		国际理解	◎							◎
	实践创新	劳动意识								
		问题解决		◎	◎	◎	◎	◎	◎	◎
		技术运用				◎	◎			

(七)研究结论

来自北京市 8 个学科的调查对象明确了本学科将要重点承载的中国学生发展核心素养的要点，这些要点全面涵盖中国学生发展核心素养框架中的六大核心素养，对 18 个要点的覆盖率为 83.3%。调查结果在调查对象包括的学科教师和专家群体间具有很高的一致性。

来自北京市 8 个学科的调查对象较大比例认同可将本学科高中阶段的核心素养框架借鉴至义务教育阶段，且有较高比例认同应完全迁移高中学科核心素养框架及要素。

四、研究二：基于核心素养的北京市义务教育阶段学业标准的修订与升级研究

(一)研究目的

确定义务教育阶段各学科所重点承载的中国学生发展核心素养的要点内涵及学科核心素养的框架与要点内涵。

对各学科学业标准的内容标准具体承载的中国学生发展核心素养和学科核心素养要点进行编码标定，并对编码结果进行一致性检验与分析。

(二)研究方法

编码法：依据每个学科所承载的中国学生发展核心素养要点、内涵和学

科核心素养框架及要点、内涵，对本学科学业标准的内容标准进行编码标定。

编码人员：每个学科10位，共80位学科专业人员。其中来自学科项目组内的研究人员有6位，组外学科专家有4位。

编码过程：要求背对背独立对学科内容标准逐条编码。

编码功能：①指出从中国学生发展核心素养、学科核心素养至教学评价的落实应用途径；②通过对多位学科专业人员编码结果的分析，寻找组内分歧点、组外分歧点，并剖析原因；③在对要点内涵形成统一认识的基础上，加强内涵描述的准确性，调整内容标准的可行性。

(三)研究对象

小学品社、小学语文、中学语文、小学科学、中学物理、中学化学、中学生物学、中学地理8个学科的北京市义务教育阶段学业标准与评价。

(四)研究过程

第一步：依据各学科选择重点承载的6个中国学生发展核心素养要点的内涵及表现描述、国家义务教育阶段课程标准，研究确定学科表现描述及相应内容示例。

第二步：借鉴高中学科核心素养，依据国家义务教育阶段课程标准，研究确定北京市义务教育阶段各学科核心素养的框架、内涵、表现描述及相应内容示例。

以此为依据，首先形成北京市义务教育阶段学科核心素养及表现描述，即学科核心素养的一级指标。在此基础上，进一步形成各核心素养的二级指标及相应的表现描述。

此过程中，未要求第一步的中国学生发展核心素养要点与第二步的学科核心素养要点之间存在对应关系。

第三步：在第一步和第二步的研究结果的基础上，对北京市义务教育阶段现有的学科学业标准进行修订与升级。修订途径有以下三种。

①以中学语文、小学科学、小学品社学科为代表，依据前期两个层面的核心素养框架及内涵，重构学业标准框架，确定内容标准，特别强调从行为表现的视角对内容标准进行描述。

②以中学生物学、中学化学学科为代表，依据前期两个层面的核心素养框架及内涵，调整现有的学业标准框架、内容标准。

③以小学语文、中学地理、中学物理学科为代表，依据前期两个层面的核心素养框架及内涵，保持原有的学业标准基本未变。

第四步：依据第一步和第二步形成学科编码手册或方案。学科编码手册包括本学科对中国学生发展核心素养要点及学科核心素养要点的内涵界定及其编码方案。

方案由中国学生发展核心素养、学科核心素养和学科内容标准三部分构成：①中国学生发展核心素养包括三级编码，由框架中的三个方面、六大核心素养、18个基本要点构成；②学科核心素养大多包括两级即学科素养、要素，数量在8个学科间和轮次间有所调整，并未固定；③学科内容标准自带编码，大多包括三至四级。

编码可以是唯一的，即一条内容标准对应一个编码；也可以是多重的，即一条内容标准对应多个编码。此外，也可以对内容标准采用空编码的方式即不编码，但要尽量将空编码控制在较低比例。

第五步：依据编码手册对学科内容标准逐条编码，共进行4轮。

其中第一、第二、第四轮由6位组内研究人员完成，第三轮由组外4位学科专家完成。

上述研究过程环环相扣，以学科学业标准为载体指向中国学生发展核心素养与学科核心素养在实践中的应用落实。

(五)数据分析方法

本部分采用描述统计分析和评分者一致性系数对数据进行分析。评分者一致性系数也叫 Kappa 系数，一般用于评价两个或多个评分者分类结果一致性的程度，是质性研究中编码信度的重要指标。

Kappa 值的取值范围：$-1 \leqslant K \leqslant 1$。$K = -1$，表明评分者之间的分类结果完全不一致；$-1 < K < 0$，表明评分者之间的分类结果小于机遇一致性，无意义；$K = 0$，表明评分者之间的分类结果等于机遇一致性。兰迪斯(Landis)和科克(Kock)进一步提出，Kappa 值在 $0 \sim 0.20$ 范围内被认为是"较低一致"，在

0.21~0.40 范围内被认为是"可接受"，在 0.41~0.60 范围内被认为是"中等一致"，在 0.61~0.80 范围内被认为是"较大一致"，大于 0.80 被认为是"较高一致"。

(六)研究结果

1. 各学科对于重点承载的中国学生发展核心素养要点内涵的学科转化描述

在对指向"完整人"的培养的整体课程教学进行把握的前提下，将各学科所重点承载的中国学生发展核心素养要点内涵转化到学科话语系统中来，是各学科对应承接、实践中国学生发展核心素养框架的必要基础。

在对中国学生发展核心素养要点内涵进行学科转化描述时，主要考虑以下内容：义务教育阶段学生的认知、情绪、意志品质与行为发展特征；国家义务教育阶段课程标准的要求；同一学科内多学段间的衔接，如中小学语文；学科群科目在各学段的衔接与在同一学段内的统整，如科学学科群；提供外显、可测量的行为表现。表 2-1-7 呈现了中学化学重点承载的要点内涵的学科转化描述结果；表 2-1-8 呈现了科学学科群共同承载的要点"理性思维"的内涵转化描述。

表 2-1-7　中学化学重点承载的中国学生发展核心素养要点内涵的学科转化描述(部分)

核心素养方面	核心素养及内涵	核心素养要点及表现	中学化学相应转化描述
文化基础	科学精神：主要是学生在学习、理解、运用科学知识和技能等方面所形成的价值标准、思维方式和行为表现。具体包括理性思维、批判质疑、勇于探究等基本要点。	理性思维：崇尚真知，能理解和掌握基本的科学原理和方法；尊重事实和证据，有实证意识和严谨的求知态度；逻辑清晰，能运用科学的思维方式认识事物、解决问题、指导行为等。	理性思维：能从化学原理角度理解物质的组成和性质；掌握比较、分类、建模、假说等基本方法，及用化学语言描述物质组成和变化的方法；尊重事实和证据，有实证意识和严谨的求知态度；能说明实验装置的结构特点等，会依据原理设计实验方案；能运用比较、分类、建模、假说等基本方法，基于获取的事实和证据进行逻辑清晰的推理，认识物质的组成、变化及其内在规律，并解决一些简单的化学学习问题等。

续表

核心素养方面	核心素养及内涵	核心素养要点及表现	中学化学相应转化描述
文化基础		批判质疑：具有问题意识；能独立思考、独立判断；思维缜密，能多角度、辩证地分析问题，做出选择和决定等。	批判质疑：重点是能从日常现象或化学学习中，积极发现并提出一些有探究价值的问题；能进行独立思考和做出判断，依据已有的知识和经验进行猜想或假设，并做初步论证，对学习和探究过程的结果进行反思和评估，提出自己的观点；能多角度、"一分为二"地辩证分析化学问题，做出符合科学规律和事实的选择和决定等。
		勇于探究：具有好奇心和想象力；能不畏困难，有坚持不懈的探索精神；能大胆尝试，积极寻求有效的问题解决方法等。	勇于探究：重点是保持对物质及其变化的好奇心和想象力；在科学探究过程中不畏困难，有百折不挠、坚持不懈的探索精神；能大胆实践、动手操作，采用观察、实验、调研等积极有效的问题解决方法等。
自主发展	学会学习：主要是学生在学习意识形成、学习方式方法选择、学习进程评估调控等方面的综合表现。具体包括乐学善学、勤于反思、信息意识等基本要点。	乐学善学：能正确认识和理解学习的价值，具有积极的学习态度和浓厚的学习兴趣；能养成良好的学习习惯，掌握适合自身的学习方法；能自主学习，具有终身学习的意识和能力等。	乐学善学：重点是能认识和理解学习化学对自身发展、幸福生活的积极价值，能认识和理解科学探究是获取科学知识、认识客观世界的重要途径，以愉快的心情去学习生动、有趣的化学，积极探究化学变化的奥秘，不断增强学习化学的兴趣；能养成重视实验、理性分析等良好的学习习惯，能全面、准确、规范地表达科学探究过程和结果，掌握并应用适合自身的学习方法；能自主学习，主动探究，善于及时总结一般思路和方法(可用思维导图表示)，具有终身学习的意识和能力等。

表 2-1-8　科学学科群重点承载的中国学生发展核心素养要点的

内涵转化描述(以理性思维为例)

学科	理性思维
小学科学	能运用观察法、实验法、模型法等科学方法,客观描述自然事物的主要特征,掌握科学基础知识,了解基本的科学原理;在观察的基础上,能以客观事实为依据,用比较、分类、归纳、演绎、类比等思维方法进行推理与判断,初步理解自然现象产生的原因,解决身边简单的实际问题。
中学物理	尊重事实和证据,有实证意识和严谨的求知态度;能对事物或问题进行观察、比较、分析、综合、抽象与概括;在认识事物和解决问题时,既能应用科学知识和数理逻辑推出结论,也能用科学方法收集证据,通过归纳总结规律;在与人交流时,能基于科学知识和事实证据论证自己的观点,同时分辨他人观点的合理性;能以实事求是的态度解决生活中的问题。
中学化学	能从化学原理角度理解物质的组成和性质;掌握比较、分类、建模、假说等基本方法,及用化学语言描述物质组成和变化的方法;尊重事实和证据,有实证意识和严谨的求知态度;能说明实验装置的结构特点等,会依据原理设计实验方案;能运用比较、分类、建模、假说等基本方法,基于获取的事实和证据进行逻辑清晰的推理,认识物质的组成、变化及其内在规律,并解决一些简单的化学学习问题等。
中学生物学	崇尚真知,尊重事实和证据,理解和掌握基本的科学原理;有实证意识和严谨的求知态度,养成理性思维习惯和科学的思维方式,表现为:通过对资料(文本和图片等)进行观察、比较、分析、综合、抽象与概括,理解和掌握重要的生物学概念,构建生物学规律和原理;能够基于实证和科学推理将所学与已有知识建立联系,把握观点和结论内在的逻辑进行思辨,包括解释、推断、区分、扩展等;能够在科学探究中做出假设和预测,设计探究方案,分析数据和现象,得出结论等。

2. 北京市义务教育阶段各学科核心素养框架及要点内涵描述

前期的调查结果已表明,北京市 8 个学科的学科专家群体较大比例认同可将本学科高中阶段核心素养框架借鉴至义务教育阶段,且有较高比例认同应完全借鉴。从培养"完整人"的角度,考虑到义务教育与高中教育的衔接及我国学科体系的严密现状,在部分应用前期研究结果的基础上,本研究又对所借鉴的各学科核心素养框架及要点内涵进行了具体的阐释。详细情况如下。
①中小学语文学科：完全借鉴高中阶段的核心素养框架，即语言建构与运用、思维发展与提升、审美鉴赏与创造、文化传承与理解，并形成了义务教育阶段共通的内涵描述。②科学学科群（不含中学地理）：部分借鉴高中阶段各相应学科的素养框架，形成了科学学科群共同框架：科学观念、科学思维、科学探究、科学态度与责任，并提供了科学学科群共通的内涵描述（表 2-1-9）。③中学地理学科：借鉴高中阶段学科的素养框架，即人地协调观、综合思维、区域认知、地理实践力，形成了本学科义务教育阶段的内涵描述。④小学品社学科：由于其学科课程标准的框架构成与中国学生发展核心素养的框架具有极大的相似性，小学品社学科直接将中国学生发展核心素养要点的部分内容作为学科核心素养框架，即社会责任、国家认同、国际理解、问题解决、理性思维、珍爱生命、健全人格，也据此形成了相应的小学阶段内涵描述。由此可以推断，与其他学科不同的是，小学品社学科只有一个层面的核心素养框架，即基于中国学生发展核心素养框架素养要点的框架。

表 2-1-9　北京市义务教育阶段核心素养框架及要点内涵描述

（以科学学科群和化学学科为例）

科学学科群 核心素养要点	共通的内涵描述	化学学科内涵描述
科学观念	从科学视角形成的关于物质、运动与相互作用、能量、生命、地球等的基本认识；是科学概念和规律等在头脑中的提炼和升华；是从科学视角解释自然现象和解决实际问题的基础。	从宏观与微观相结合的视角形成的关于物质组成和变化规律的基本认识；是化学概念和原理在头脑中的提炼和升华；是从化学视角解释自然现象和解决实际问题的基础。具体包括宏观辨识与微观探析、变化观念与平衡思想等基本要点。

续表

科学学科群核心素养要点	共通的内涵描述	化学学科内涵描述
科学思维	从科学视角出发对客观事物的本质属性、内在规律及相互关系的认识方式；是基于经验事实建构理想模型的抽象概括过程；是分析、综合、推理、论证等方法的内化；是基于事实证据和科学推理对不同观点和结论进行质疑、批判，进而提出创造性见解的能力与品质。	从化学视角出发对物质及其变化的本质属性、内在规律和相互关系的认识方式；是基于经验事实建构理想模型的抽象概括过程；是分析、综合、推理、论证等方法的内化；是基于事实证据和科学推理对不同观点和结论进行质疑、批判，进而提出创造性见解的能力与品质。具体包括观察与对比、推理与论证、质疑与创新等基本要点。
科学探究	提出科学问题，进行猜想和形成假设，获取和处理信息，基于证据得出结论并做出解释，以及对科学探究过程和结果进行交流、评估、反思的能力。	从日常现象或化学学习中，独立地或经过启发发现一些有探究价值的问题；依据已有的知识和经验进行猜想或假设，并做初步论证；通过实验等科学方法检验求证、得出结论；对探究学习活动进行反思，发现自己和他人的长处与不足，并提出改进的具体建议。具体包括提出问题、猜想与假设、制订计划、进行实验、收集证据、解释与形成结论、反思与评价、表达与交流等基本要点。
科学态度与责任	在认识科学本质，理解科学·技术·社会·环境(STSE)的关系的基础上，逐渐形成的对科学和技术的正确态度以及产生的责任感。	在认识科学本质，理解科学·技术·社会·环境(STSE)的关系的基础上，逐渐形成的对科学和技术的正确态度以及产生的责任感。具体包括理性态度、社会责任等基本要点。

3. 基于核心素养的北京市义务教育阶段学业标准编码结果

(1)内容标准编码结果

对内容标准的编码体现了核心素养在学科教学评价中的实践应用路径。本部分呈现了历经 4 轮、3 次内容调整的最终结果。表 2-1-10 呈现了 8 个学科在中国学生发展核心素养要点中的编码分布情况，由此可以看出：①从学科角度来说，小学品社学科的编码多集中于责任担当素养中的社会责任和国家认同、实践创新素养中的问题解决。中小学语文学科编码多集中于人文底蕴素养中的人文积淀、学会学习素养中的乐学善学。科学学科群编码多集中于科学精神素养中的理性思维和勇于探究；小学科学编码还集中于实践创新素养中的技术运用；中学物理和中学地理还集中于实践创新素养中的问题解决；中学生物学还集中于健康生活素养中的珍爱生命。②从素养要点角度来说，指向"完整人"的培养的15个要点在所有8个学科上的编码数量具有较大的差异（0.5%～30.5%），相对集中的要点是理性思维（30.5%）、人文积淀（15.3%）、勇于探究（13.1%）、社会责任（9.5%）与问题解决（7.7%），而在人文情怀（0.5%）、审美情趣（0.9%）、信息意识（0.9%）、健全人格（0.9%）等需要更为长期培养的素养要点方面则编码数量普遍较少。

表 2-1-10　各学科内容标准重点承载的中国学生发展核心素养要点分布

单位：%

核心素养方面	六大核心素养	18个要点	小学品社	小学语文	中学语文	小学科学	中学物理	中学化学	中学生物学	中学地理
文化基础	人文底蕴	人文积淀	—	56.1	66.4	—	—	—	—	—
		人文情怀	—	—	—	—	—	—	—	4.0
		审美情趣	—	2.8	4.6	—	—	—	—	—
	科学精神	理性思维	6.5	—	—	47.1	57.7	58.5	41.4	33.2
		批判质疑	—	7.8	7.1	1.5	0.3	4.4	8.6	—
		勇于探究	—	—	—	26.7	13.8	9.5	25.8	28.9
自主发展	学会学习	乐学善学	—	27.3	15.9	—	—	3.2	—	—
		勤于反思	—	—	—	—	—	—	—	—
		信息意识	—	5.6	1.5	—	—	—	—	—
	健康生活	珍爱生命	8.6	—	—	4.9	—	—	13.3	—
		健全人格	7.5	—	—	—	—	—	—	—
		自我管理	—	—	—	—	—	—	—	—

续表

核心素养方面	六大核心素养	18个要点	小学品社	小学语文	中学语文	小学科学	中学物理	中学化学	中学生物学	中学地理
社会参与	责任担当	社会责任	38.7	—	—	7.8	7.5	15.9	6.3	—
		国家认同	19.4	—	—					6.4
		国际理解	8.6							4.0
	实践创新	劳动意识	—	—	—	—	—		—	—
		问题解决	10.8	0.3	4.4	—	14.0	8.5		23.5
		技术运用				12.1	6.8		4.7	

表 2-1-11 呈现了中小学语文、科学学科群内容标准在义务教育阶段学科核心素养框架中的分布情况。从语文学科来看，小学语文的编码比较集中于基础的语言建构与运用要素（52.0％）；随着学生年龄的增长，中学语文更为强调思维发展与提升要素（40.7％）。科学学科群的编码相对集中于科学观念（36.4％）和科学探究（26.0％）要素，而科学态度与责任略少（15.2％）。其中，中学化学、中学生物学学科内容标准在 4 个维度间的编码较为均衡，中学化学略侧重科学思维，中学生物学则略侧重科学探究，中学物理、小学科学则明显侧重于科学观念和科学探究。

表 2-1-11　各学科内容标准在北京市义务教育阶段学科核心素养框架上的分布情况

单位:%

学科	语言建构与运用	思维发展与提升	审美鉴赏与创造	文化传承与理解
小学语文	52.0	12.2	20.4	15.4
中学语文	28.1	40.7	16.2	15.0
学科	科学观念	科学思维	科学探究	科学态度与责任
小学科学	43.7	20.4	28.6	7.3
中学物理	53.0	14.8	24.4	7.8
中学化学	24.9	27.3	23.2	24.6
中学生物学	24.2	23.4	31.3	21.1

（2）内容标准编码结果的一致性分析

表 2-1-12 呈现了各学科组内外专家关于内容标准编码结果的一致性情况。由 Kappa 系数的结果可以看出：①从学科组内专家编码结果的一致性来看，从整体上说，在 3 轮中，其对内容标准编码的一致性程度不断提升，最后普遍达到较高认同水平（小学科学学科达到可接受水平）。根据每轮数据的反馈结果，研究对框架、要点或要素内涵、内容标准的研讨与修订具有较高的成效。②从学科组外专家编码结果的一致性来看，组外专家对中学语文、中学化学在学科核心素养层面的标定认同性相对较高，对小学科学在学生发展核心素养层面的标定认同性相对较高。其他学科 Kappa 系数普遍较低甚至为 0，这意味着在本学科学业标准的内容标准条目上，关于如何实现对中国学生发展核心素养的承载和对学科核心素养的承载，组外专家所标定的编码（路径）存在较大的分歧。

需要说明的是，第四轮组内专家 Kappa 系数结果体现了项目组在组内外专家意见的基础上对要点内涵、学业标准、编码进行讨论确定的最终结果。

表 2-1-12　各学科组内外专家关于内容标准编码结果的一致性情况

学科	轮次	内容标准条目个数	编码人数	中国学生发展核心素养 Kappa 系数			学科核心素养 Kappa 系数	
				一级	二级	三级	一级	二级
小学品社	第一轮	82	6	0.42	0.38	0.47	0.71	0.48
	第二轮	96	6	0.73/0.70/0.76/0.62				
	第三轮（外）	94	4	0.63/0.61/0.66/0.49				
	第四轮	94	6	0.77/0.88/0.88/0.69				
小学语文	第一轮	25	5	0.04	0.05	0	0.02	0
	第二轮	313（双118）	6	0.43	0.50	0.49	0.45	0.31
	第三轮（外）	310（双47）	3	0.63	0.61	0.66	0.38	0.37
	第四轮	310（双263）	6	0.69	0.71	0.72	0.99	0.99
中学语文	第一轮	30	2	0.15	0.11	−0.04	0.07	0.13
	第二轮	452	6	0.91	0.92	0.90	0.97	0.94
	第三轮（外）	452	4	0.21	0.08	0.06	0.48	0.37
	第四轮	452	6	0.93	0.92	0.89	0.95	0.93

续表

学科	轮次	内容标准条目个数	编码人数	中国学生发展核心素养 Kappa 系数			学科核心素养 Kappa 系数	
				一级	二级	三级	一级	二级
小学科学	第一轮	28	5	0.73	0.70	0.47	0.58	0.62
	第二轮	206	5	0.39	0.39	0.35	0.16	0.32
	第三轮(外)	206	4	0.51	0.50	0.08	0.12	0.25
	第四轮	206	7	0.47	0.48	0.38	0.28	0.36
中学物理	第一轮	385	3	0.73	0.73	0.79	0.77	0.87
	第二轮	385	6	0.75	0.74	0.79	0.71	0.75
	第三轮(外)	385	4	0	0	0	0	0
	第四轮	385	6	0.86	0.85	0.88	0.72	0.76
中学化学	第一轮	410	6	0.25	0.21	0.21	0.38	0.34
	第二轮	410	6	0.71	0.70	0.76	0.66	0.61
	第三轮(外)	410	4	0.06	0.06	0.07	0.37	0.14
	第四轮	410	6	0.98	0.98	0.98	0.99	0.70
中学生物学	第一轮	130	6	0.48	0.48	0.35	0.41	0.35
	第二轮	128	6	0.84	0.83	0.60	0.72	0.70
	第三轮(外)	128	4	0.69	0.65	0.50	0.50	0.47
	第四轮	128	6	0.90	0.90	0.76	0.83	0.80
中学地理	第一轮	298	6	0.10	0.13	0.16	0.23(只有一个等级,下同)	
	第二轮	298	6	0.94	0.94	0.95	0.96	
	第三轮(外)	298	4	0.13	0.09	0.07	0.17	
	第四轮	297	6	—	—	—	—	

注：在小学语文学科中，研究采用了对内容标准进行双编码的方式。例如，313(双118)表示，在全部313条内容标准中，双编码的为118条，其余均为单编码。

(七)研究结论

形成了北京市义务教育阶段 8 个学科对中国学生发展核心素养要点内涵

的学科化转换，形成了北京市义务教育阶段学科核心素养框架与要素内涵。

完成了基于核心素养框架与内涵的学业标准的内容标准编码标定。但是，中国学生发展核心素养的 15 个要点分布并不均衡；标定结果在组内专家中普遍具有较高的一致性，部分学科组外专家的一致性还有待提升。

五、综合讨论及有待进一步研究的问题

(一)综合讨论与反思

1. 中国学生发展核心素养与学科核心素养的关系

这是一个贯穿整个研究过程的根本性与基础性问题。前文有说"学科核心素养是学生发展核心素养在特定学科(或学习领域)的具体化，是学生学习一门学科(或特定学习领域)之后所形成的具有学科特点的关键成就"，然而当对两者的框架进行相互对比分析的时候，我们就会发现研究所提的转化、承接与具体化的关系很难有规律地体现。令人困惑的是，就学科核心素养自身体系来说，它在学习领域、学科群间难以找到清晰的、逻辑化的融合脉络。在某种程度上，这可能意味着强化学科特色与学科的分离，与当前国际上强调学科融合渗透的趋势存在矛盾。然而，在考虑到学段间课程教学的贯通性后，项目组选择了折中的方式：以调查结果为依据，一方面在义务教育阶段借鉴高中学科核心素养的框架，另一方面在内容标准编码过程中采用两个独立的编码体系——学生发展核心素养编码和学科核心素养编码。

2. 中国学生发展核心素养与学科课程的关系

中国学生发展核心素养是学生应具备的能够适应个人终身发展和社会发展需要的必备品格和关键能力，它指向"真实世界中完整人的培养"，必然相对宏观且宽泛。借鉴其他国家和地区的做法，即每门学科学习内容虽然承载所有发展核心素养的培育任务，但是也要有重点地对部分核心素养做出独特贡献。研究首先调查每门学科能够重点承载的中国学生发展核心素养要点，但同时也特别强调学段间学科内的贯通性和学段内学科间的统整性(如语文学科和科学学科群)。调查结果和编码结果在六大核心素养的 18 个要点中只覆盖到 15 个，未涉及学会学习素养中的勤于反思、健康生活素养中的自我管理和实践创新素养中的劳动意识 3 个要点，其中"反思性"本身还是 DeSeCo 项目所提的核心素养的核心。此外，各学科选择重点承载的 15 个要点在各学科内容标准的编码标定结果上，也存在较大的要点间差异。例如，理性思维占 30%，而审美情趣、健全人格均只占 0.9%。上述两种情况对于实现"完整人"的培养的教育目标是极为不利的。问题出现的原因有三：第一，目前调查只包括义务教育阶段的 8 个学科，当更多的学科参与到调查中时，情况可能会有所改善。例如，综合实践活动的加入可能会增加劳动意识要点的编码标定百分比，艺术类学科的加入可能会增加审美情趣要点的编码标定百分比。第二，不被选择或较少被选择的要点普遍具有跨学科（通用性）、需要长期培养、短时间内教育收效甚微的特征，如自我管理、健全人格等。第三，学科专业人士的融会贯通意识、跨学科的意识还有待提升，这可能是由项目本身对学科选择重点承载的项目数量的限制所造成的。今后项目组将在继续深入探索的过程中，通过将更多的学科纳入调查系统、"强制"将通用素养要点要求作为内容标准纳入所有学科学业标准来尝试解决这些问题。

3. 学业标准与核心素养的关系

将学生发展核心素养落实到教育教学过程中，需要各学科根据上述所侧重承载的要点研制本学科素养并把它贯彻到学科教学当中。这个思路在理论上具有可操作性，但鉴于我国核心素养研究的复杂背景，如当前的高中学科核心素养还未与学生发展核心素养建立较好的承接关系，本项目基本沿承的高中学科核心素养框架（含科学学科群框架）也依然未能与学生发展核心素养建立更好的承接关系。项目组仅仅是期待能从市级教育研究层面，采用编码的方式，为学校教学指出一条"以北京市义务教育阶段学业标准体系为载体应用核心素养"的相对便捷可行的道路。

由于这种编码是在中国学生发展核心素养与学科核心素养体系下各自独立完成的，编码本身也未能系统性地在两者间建立关系或者弥补两者间的裂痕，当有些学科核心素养较好地体现学生发展核心素养且要点内涵接近时，两者间就存在部分承接关系。例如，学科核心素养中的科学思维与中国学生发展核心素养中的理性思维有较大程度的对应，都强调基于证据的逻辑思维过程和方法。当有些学科核心素养未能体现中国学生发展核心素养时，在学业标准中两者就无法进行有效的对应与承接。例如，中国学生发展核心素养中的问题解决在科学类学科核心素养中没有显著的对应要点等。

4. 关于学业标准的内容标准编码的一致性

对两类专家群体编码结果一致性的分析表明，组外专家基于核心素养的内容标准编码的一致性程度很低，这意味着他们对于相同内容标准所能重点承载的核心素养具有较大的分歧。问题出现的原因有三：其一，无论是中国学生发展核心素养及要点，还是学科核心素养及要点，都不是相互平行独立的，而是彼此渗透的。其二，每条内容标准的条目所承载的素养也不应该是唯一的，所以编码也不应唯一。因此，当8个学科中大多学科的研究人员第一次从易行的角度试着通过编码指出唯一路径的时候，未必能够得到组外专家的认同。其三，对素养要点和要素的内涵界定、行为表现的说明还不够清晰。继续倡导采用多元编码，提供大量的基于编码的学科教学评价案例，进一步明晰要素、要点的内涵界定，是今后项目组取得多方认同要努力的方向。

虽然项目给予了学科进行学业标准编码多样性的空间，从而体现每条内容标准承载的学生发展核心素养要点、学科核心素养要点的多种可能的途径，但事实上除小学语文学科外，大多学科选择了唯一编码的方式。需要说明的是，这个路径只是本学科专家视角的建议途径，也是最易落实的途径，但不是唯一的。同时，特别强调以"真实世界中完整人的培养"为指向，强调在实际教学中的学科融合的思想，各门学科之间的边界不应当是刚性的、僵化的，而应是软性的、互通的。

5. 关于教育学研究领域中实证研究方法功能的转变

实证研究是指研究者收集观察资料，为提出理论假设或检验理论假设而展开的研究。在实证研究设计思路下，本项目主要采用了问卷调查法、编码法、基于等级相关系数和 Kappa 系数的数据分析方法。Q 分类法应用于对调查结果的等级排序分析，而 Kappa 系数应用于对专家关于学业标准的内容标准条目标定结果的一致性分析。由于依据文献的不确定性，与以往不同的是，本项目部分实证结果并不是最终呈现的结果，而是以其为证据指向调整的中间结果，成为监控研究过程、实现最佳研究目的的一种动态的方法与手段。例如，研究一根据中国学生发展核心素养内容的变化，基于最初调查结果调整了8个学科重点承载的素养要点；在研究二中，Kappa系数不仅是体现评分者编码一致性程度的信度系数，而且成为动态调整核心素养框架、精进要点内涵描述、重构学业标准框架、调整内容编码标定的依据。这体现出实证研究方法在教育研究领域中，从起初的"提出理论假设或检验理论假设"的单一功能定位到可以同时"监控研究过程，促进研究目标实现"的多元功能定位的转变。

(二)有待进一步研究的问题

1. 继续深化当前研究，为以学业标准为载体的核心素养应用路径提供教学评价样例

为了和课程教学与评价实践更好地衔接，需要按照内容标准编码所提供的路径，开发大量的样例与指导说明，来示范说明基于学业标准的核心素养应用路径的可行性。

鉴于核心素养构成与内涵的复杂性和系统性，围绕培养"完整人"的目标，样例的提供在秉承"学段、学科融通"的理念下，应着重考虑以下五个方面。①学科间教学与评价样例的一体化设计：围绕学生发展核心素养的落实，在小学语文和中学语文学科中体现核心素养要点的纵向统整；在科学学科群中体现核心素养要点的横向贯通。例如，就科学精神中理性思维的培养，如何在小学科学、中学物理、中学化学、中学生物学中采用不同的案例、相同的内在线索去设计。中国学生发展核心素养中的理性思维本身具有较丰富的内涵，既包括科学原理和方法，也包括实证意识和态度，还包括科学思维的运用。科学类学科可针对以上具体内涵进行更有针对性的专题设计。又如，科学原理的认识方面，可就同一学习内容进行概念进阶的设计，凸显不同学段、不同学科促进学生对同一科学原理、概念或观念的学习；科学思维运用及实证意识和态度形成方面，可以把归纳及演绎、控制变量及对比、模型构建等科学方法的学习及运用作为专题，使核心素养要点在学段间、学科间不断被强化。②学科内教学与评价样例的一体化设计。教学与评价是相互渗透在课

堂教学过程中的。③在突出所重点承载的学生发展核心素养要点的同时，要兼顾具有通用素养特征的要点，如勤于反思、自我管理和劳动意识等。④倡导提供基于真实生活情境的跨学科主题样例，特别是单元设计。个体常常需要结合运用不同的素养来达到情境的要求，不同的情境所要求的素养组合也有所不同。情境的意义在于观察、引导素养的学习与展现，以及透过问题情境的挑战使个体的知识、技能、态度转化成为具体的行动。环境越来越复杂多变，情境就越来越具有不确定性，因此个体与社会都必须通过学习获得核心素养，以便适应情境的复杂性与不确定性。⑤所提供的样例均需要经过以调查法、测验法、课堂观察法等为主要方法的实证研究的验证。

2. 建构并形成北京市基础教育阶段核心素养框架

从总体来看，中国学生发展核心素养聚焦于培养全面发展的人，其所提的六大素养18个要点相对全面而基础。其是否适合定位于全国政治中心、文化中心、国际交往中心、科技创新中心的北京市关于未来公民的培养目标？是否符合北京市未来人才培养的需求？从学科角度来看，在我国这样一个有着坚实分科教学传统的国家，义务教育阶段是否有必要建构学科核心素养的概念？这些可能都是从理论层面、顶层设计层面，甚至是逻辑层面需要深层次考虑的问题，这些问题的解决才能更有方向性地、更深入地推进北京市教学评价的改革实践。

参考文献

[1]辛涛，姜宇，林崇德，等. 论学生发展核心素养的内涵特征及框架定位[J]. 中国教育学刊，2016(6).

[2]褚宏启. 核心素养的国际视野与中国立场——21世纪中国的国民素质提升与教育目标转型[J]. 教育研究，2016(11).

[3]张娜. DeSeCo项目关于核心素养的研究及启示[J]. 教育科学研究，2013(10).

[4]林崇德. 21世纪学生发展核心素养研究[M]. 北京：北京师范大学出版社，2016.

[5]辛涛，姜宇，刘霞. 我国义务教育阶段学生核心素养模型的构建[J]. 北京师范大学学报(社会科学版)，2013(1).

[6]刘霞，胡清芬，刘艳，等．我国学生发展核心素养的实证调查[J]．中国教育学刊，2016(6)．

[7]邵朝友，周文叶，崔允漷．基于核心素养的课程标准研制：国际经验与启示[J]．全球教育展望，2015(8)．

[8]窦桂梅，胡兰．基于学生核心素养发展的"1＋X课程"建构与实施[J]．课程·教材·教法，2015(1)．

[9]朱鹏飞．学科核心素养的研究进展及其对中学化学教学的启示[J]．化学教学，2017(1)．

[10]闫白洋．普通高中课程标准生物学科核心素养的测评研究[J]．生物学教学，2017(2)．

[11]刘坚，魏锐，刘晟，等．《面向未来：21世纪核心素养教育的全球经验》研究设计[J]．华东师范大学学报(教育科学版)，2016(3)．

[12]辛涛．学生发展核心素养研究应注意几个问题[J]．华东师范大学学报(教育科学版)，2016(1)．

[13]姜宇，辛涛，刘霞，等．基于核心素养的教育改革实践途径与策略[J]．中国教育学刊，2016(6)．

北京市初中科学领域基于核心素养的
学业标准实证研究

黄冬芳、张玉峰、李伏刚、秦晓文、荆林海、乔文军

学生发展核心素养主要是指学生应具备的能够适应个人终身发展和社会发展需要的必备品格和关键能力。随着《中国学生发展核心素养》和高中各学科课程标准修订稿的发布，核心素养已成为我国基础教育教学新的理念和目标体系。但大多数研究仍停留在对核心素养要点框架的综合性、经验化描述阶段，如何与我国现行的中小学课程、学科教学进行有效融合是关键问题。为此，北京教育科学研究院项目组于 2016 年 5 月开始了"北京市义务教育阶段学生核心素养标准体系的建构与实施"研究。该研究立足中小学学科课程和教学，凸显学科领域的共同特点，构建起核心素养与领域、领域与学科的联系，既体现了核心素养的关键性、综合性特征，又体现了不同领域和学科的特点。本研究报告介绍了在科学领域融通层面整合物理、化学、生物学三个学科的研究过程和结果。

一、研究背景及问题提出

(一)科学领域核心素养的研究

国际课程标准研制经验表明，学生核心素养与学科课程存在两种基本关系：一是每门学科课程都承担着学生核心素养的培养责任；二是不同的学科课程对学生核心素养有着不同的独特贡献。研究发现，科学领域各学科课程与学生核心素养的关系多属于第二种，即科学领域各学科课程具有独特贡献。这种贡献与价值早已被诠释为科学素养。

20 世纪 50 年代后期，美国斯坦福大学的科学教育家赫德（Hurd）把科学素养作为科学教育的一个重要命题来进行研究。我国在 2001 年颁布的义务教育

阶段科学类学科课程标准中就明确提出"科学素养"这一概念，并将其作为科学学科的课程目标内容。经济合作与发展组织的 2015 年科学素养测试框架将科学素养的内涵进一步解读为背景、知识、能力和态度四个相互关联的方面，并构建了能力标准和知识类型的认知需求框架。

借鉴国际经验发现，学生核心素养转化为课程标准，基本遵循学生核心素养—学科核心素养—内容标准的思路。我国高中课程标准修订稿的研制基本沿着学科核心素养—内容标准—评价标准—分等级学业成就水平的思路。表 2-2-1 列出了高中物理、化学、生物学三个学科的学科核心素养。

表 2-2-1　我国普通高中物理、化学、生物学的学科核心素养一览表

学科	学科核心素养
物理	物理观念　科学思维　实验探究　科学态度与责任
化学	宏观辨识与微观探析　变化观念与平衡思想　证据推理与模型认知　科学探究与创新意识　科学态度与社会责任
生物学	生命观念　科学思维　科学探究　社会责任

在中国知网中以"核心素养"为篇名对文献进行高级搜索（搜索时间为 2017 年 12 月）：以篇名"核心素养＋物理"搜索到 324 篇；以篇名"核心素养＋化学"搜索到 252 篇；以篇名"核心素养＋生物学"搜索到 127 篇；以篇名"核心素养＋科学"搜索到 87 篇。以上共计 790 篇文献，占中等教育以"核心素养"为篇名的全部文献（4648 篇）的 17％。相对其他领域而言，科学领域的相关文献并不多，且其中 85％以上是在 2017 年和 2016 年发表的。朱鹏飞在《学科核心素养的研究进展及其对中学化学教学的启示》一文中分析了 2014—2016 年期刊发表的 112 篇有关核心素养的文献，总结了学科核心素养与学生发展核心素养的关系、宏观层面学科核心素养的概念内涵界定、具体学科的学科核心素养内涵构建、学科核心素养的培养策略、学科核心素养的评价五方面的主要内容。其中，具体学科的学科核心素养内涵构建和学科核心素养的培养策略的文献占 75％，而学科核心素养的评价的文献仅占 6％。该文最后从准确理解学科核心素养内涵、聚焦高阶思维能力培养、开展单元整体教学三方面归纳出对以化学为例的科学领域课程教学的启示。

(二)研究基础

2014 年，北京教育科学研究院项目组开发了北京市义务教育阶段物理、化学和生物学学科的学业标准。它以我国义务教育阶段课程标准为依据，以年级为单位呈现内容标准与学业水平等级，由评价框架、内容标准、学业成就水平描述、教学与评价示例构成。物理、化学、生物学三个学科在研制学业标准时就开始关注学科之间的联系，主要体现为能力维度中行为动词及其统一的内涵描述。这些研究经历和成果都为开展基于核心素养的学业标准研究奠定了坚实基础。

(三)问题提出及解决路径

1. 如何有效建立核心素养与学科课程教学的联系

以上研究都没有系统、操作性地解决如何将现有的学科课程教学与核心素养进行对接的问题。首先，需要分析原有的关于科学素养的研究成果与当前核心素养研究的联系与差异。科学素养较强调科学领域课程的特点而忽略与其他领域课程的联系，与核心素养关注"完整人"的发展有所不同。其次，高中课程标准中的核心素养要点与内涵是否适用于义务教育阶段，也是需要深入研讨的问题。旧的义务教育阶段课程标准没有提出核心素养，需要在课程标准与核心素养之间建立联系。

2. 如何突破分科教学的局限性而促进"完整人"的发展

多年来，北京市初中科学领域进行分科教学，即物理、化学和生物学依据各自的义务教育阶段课程标准进行分科教学。这些科学类课程具有相似的研究对象、研究方法和思想，但分科课程强调各学科的系统性和细节容易忽视科学领域的整体性和本质，将学生对科学的认识分割成零散的内容。前期研制的科学领域各学科学业标准也多突出学科知识与技能，学科本位思想与核心素养促进"完整人"发展的理念产生了一定矛盾。

为解决以上两个方面的问题，同时借鉴国内外相关经验，项目组设计了以下路径。第一，建立核心素养与科学领域课程的关系：依据中国学生发展核心素养和高中学科核心素养构建初中科学领域核心素养框架及内涵。第二，建立科学领域学科核心素养要点与学科内容标准的关系：调整原有的各学科内容标准，并分别与中国学生发展核心素养要点及学科核心素养要点进行匹配。第三，建立基于核心素养的学业标准与教学设计和评价的联系：以建立起的学业标准为蓝图，直接指导单元、课时教学设计（尤其是教学目标的设计），确定可操作及可测量的学业评价目标并开发多样化评价工具。通过以上三个环节的转承，既可建立核心素养与课程教学的联系，又能贯通核心素养—科学领域—学科教学，可基本实现核心素养在现有课程教学中的有效落地。

二、研究过程及结果

以原有的北京市义务教育阶段学科学业标准为基础，在确定初中科学领域学生发展核心素养要点的基础上，采用多级编码方式，将核心素养渗透至科学领域各学科课程之中，主要经历以下三个阶段，初步形成基于核心素养的升级版学业标准。

(一)确定科学领域承载的核心素养要点

基于《中国学生发展核心素养（征求意见稿）》和普通高中各学科课程标准修订版（征求意见稿）中的学科核心素养，研究科学领域承载的核心素养要点及内涵。[①] 采用专家调查研究法，开发 Q 分类法的调查工具，实施网上调查。通过分析调查结果，确定科学领域承载的核心素养要点。物理、化学、生物学分学科调研，共调查了 438 位教师（特级教师、市级学科带头人或市级骨干教师）和学科课程专家。

1. 确定科学领域承载的核心素养框架及要点

项目组从调研数据中发现了科学领域各学科的共同点。问卷调查结果表明了科学领域各学科在一些要点上的高度一致性（表 2-2-2 和表 2-2-3）。表 2-2-2 中，物理、化学、生物学 3 个学科的相关系数都高于 0.83。表 2-2-3 的排序说明，科学领域的 3 个学科在理性思维、勇于探究、崇尚真知、批判质疑、问题解决、合作担当 6 个要点上有较高一致性。经研讨，这 6 个要点被确定为科学领域的共同要点。

---

① 调查于 2016 年 5～6 月进行，故参照的相关文件为征求意见稿。

表 2-2-2　科学领域各学科重点承载的中国学生发展核心素养要点排序调查结果间的相关系数

	物理	化学	生物学
物理	1		
化学	0.835	1	
生物学	0.952	0.914	1

表 2-2-3　科学领域各学科按中国学生发展核心素养重要性排序的前 10 个要点

重要性排序 （由高到低）	物理	化学	生物学
1	理性思维	珍爱生命	珍爱生命
2	崇尚真知	勇于探究	理性思维
3	勇于探究	崇尚真知	勇于探究
4	批判质疑	问题解决	生态意识
5	问题解决	批判质疑	崇尚真知
6	勤于反思	勤于反思	批判质疑
7	乐学善学	合作担当	问题解决
8	合作担当	生态意识	合作担当
9	诚信友善	乐学善学	健全人格
10	健全人格	诚信友善	乐学善学

　　科学领域给予各学科 2 个要点的自选空间，可体现学科特点。例如，化学学科根据化学学科的排序结果（表 2-2-3）又选择了生态意识和乐学善学作为"2"个要点。总之，科学领域采用了"6＋2"的方式遴选出核心素养要点，其中 6 为共同要点，2 为学科特色要点。8 个要点占中国学生发展核心素养 25 个要点的近三分之一。

　　2016 年 9 月 13 日，《中国学生发展核心素养》正式发布，将原有的 25 个要点缩减成 18 个要点。在对比分析征求意见稿与正式稿的基础上，项目组对要点进行了调整，将每学科 8 个要点变成 6 个，将原有的"6＋2"结构变成"4＋2"结构。科学领域共同的 4 个要点是理性思维、批判质疑、勇于探究、社会责任。物理学科增加的要点是问题解决和技术运用；化学学科增加的要点是问题解决和乐学善学；生物学学科增加的要点是珍爱生命和技术运用。6 个要点占全部 18 个要点的三分之一。

2. 梳理高中学科核心素养，归纳出科学领域学科核心素养框架及要点

高中学科课程标准修订版从分学科的角度提出了学科核心素养要点，物理、化学、生物学三个学科不尽相同。为凸显科学领域的一致性，考虑到高中阶段与义务教育阶段的差异，项目组提出了初中科学领域的学科核心素养框架一级要点，即科学观念、科学思维、科学探究、科学态度与责任。各学科再依据各自特点提出二级要点。

3. 对科学领域承载的核心素养要点进行学科化内涵描述

对每个核心素养要点的内涵进行表现描述，是建立核心素养要点与课程内容联系的基础。参考中国学生发展核心素养和学科核心素养的共通性描述，将每个要点的内涵进行拆分，与学科进行对应。例如，理性思维的"能理解和掌握基本的科学原理和方法"对应化学学科的"能从化学原理角度理解物质的组成和性质；掌握比较、分类、建模、假说等基本方法，及用化学语言描述物质组成和变化的方法"。项目组同时还参考了初、高中学科课程标准，以及中考和高考说明对相关词语的解释。例如，科学方法的内涵主要借鉴高中课程标准。

(二)升级形成基于核心素养的北京市义务教育阶段科学领域学科学业标准

通过编码法将中国学生发展核心素养、学科核心素养分别与学科内容标准相匹配，指出将核心素养落实到教学实践中的可行路径；发现组内外分歧并剖析原因；提高学科重点承载的核心素养的内涵描述的准确性，逐步达成编码的共识。

科学领域分学科进行了编码。学科组内 6 位学科专家，对现有学业标准的所有内容标准逐一进行独立编码，共计 3 轮；学科组外 4 位学科专家，对现有学业标准的所有内容标准逐一进行独立编码，共计 1 轮，并对组内以及组外专家的编码结果进行研讨。每次编码的结果及一致性数据都是调整、完善

内容标准和核心素养要点及内涵的依据。

1. 形成科学领域各学科重点承载的中国学生发展核心素养要点内涵的转化描述

将学科重点承载的中国学生发展核心素养要点转化到学科话语体系中，是各学科对应承接、培养核心素养要点的必要基础。在对核心素养要点进行学科转化描述时，从培养"完整人"的角度，项目组主要考虑以下四个方面的要求：①体现初中阶段学生认识发展的特征；②体现义务教育阶段课程标准的要求；③体现科学领域各学科的统整；④尽可能采用外显的、可测量的行为表现。表 2-2-4 呈现了科学领域各学科共同承载的要点——理性思维的转化描述。

表 2-2-4　科学领域各学科重点承载的中国学生发展核心素养要点、
表现及学科转化描述（以理性思维为例）

中国学生发展核心素养方面－核心素养及内涵－核心素养要点及表现 文化基础－科学精神－理性思维
崇尚真知，能理解和掌握基本的科学原理和方法；尊重事实和证据，有实证意识和严谨的求知态度；逻辑清晰，能运用科学的思维方式认识事物、解决问题、指导行为等。
理性思维（中学物理）
尊重事实和证据，有实证意识和严谨的求知态度；能对事物或问题进行观察、比较、分析、综合、抽象与概括；在认识事物和解决问题时，既能应用科学知识和数理逻辑推出结论，也能用科学方法收集证据，通过归纳总结规律；在与人交流时，能基于科学知识和事实证据论证自己的观点，同时分辨他人观点的合理性；能以实事求是的态度解决生活中的问题。
理性思维（中学化学）
能从化学原理角度理解物质的组成和性质；掌握比较、分类、建模、假说等基本方法，及用化学语言描述物质组成和变化的方法；尊重事实和证据，有实证意识和严谨的求知态度；能说明实验装置的结构特点等，会依据原理设计实验方案；能运用比较、分类、建模、假说等基本的方法，基于获取的事实和证据进行逻辑清晰的推理，认识物质的组成、变化及其内在规律，并解决一些简单的化学学习问题等。

续表

理性思维（中学生物学）
崇尚真知，尊重事实和证据，理解和掌握基本的科学原理；有实证意识和严谨的求知态度，养成理性思维习惯和科学的思维方式。表现为：通过对资料（文本和图片等）进行观察、比较、分析、综合、抽象与概括，理解和掌握重要的生物学概念，构建生物学规律和原理；能够基于实证和科学推理将所学与已有知识建立联系，把握观点和结论内在的逻辑进行思辨，包括解释、推断、区分、扩展等；能够在科学探究中做出假设和预测，设计探究方案，分析数据和现象，得出结论等。

2. 形成科学领域各学科重点承载的学科核心素养要点内涵的转化描述

由前述研究可知，科学领域形成了学科核心素养的共同框架：科学观念、科学思维、科学探究、科学态度与责任，并在共通的内涵描述的基础上形成各学科内涵描述（表 2-2-5）。

表 2-2-5 科学领域学科层面核心素养要点内涵的转化描述（以科学观念为例）

共通的内涵描述	物理学科内涵描述	化学学科内涵描述	生物学学科内涵描述
从科学视角形成的关于物质、运动与相互作用、能量、生命、地球等的基本认识；是科学概念和规律等在头脑中的提炼和升华；是从科学视角解释自然现象和解决实际问题的基础。	从物理学视角形成的关于物质、运动与相互作用、能量等的基本认识；是物理概念和规律等在头脑中的提炼和升华；是从物理学视角解释自然现象和解决实际问题的基础。具体包括物质观、能量观、运动与相互作用观、科学本质观等。	从宏观与微观相结合的视角形成的关于物质组成和变化规律的基本认识；是化学概念和原理在头脑中的提炼和升华；是从化学视角解释自然现象和解决实际问题的基础。具体包括宏观辨识与微观探析、变化观念与平衡思想等基本要点。	学生应该在较好地理解生物学概念的基础上形成生命观念，如结构与功能观、进化与适应观、稳态与平衡观、物质与能量观等；能够用生命观念认识生物的多样性和统一性，形成科学的自然观和世界观，指导探究生命活动规律，解决实际问题。

3. 获得基于核心素养的北京市义务教育阶段内容标准的编码结果

(1)科学领域各学科内容标准的编码结果

编码体现了核心素养在学科中的应用路径。本部分呈现了历经 4 轮、三次内容调整的最终结果。表 2-2-6 列出了中国学生发展核心素养 18 个要点在三个学科中的分布情况。其中，批判质疑占 3.2%，说明批判质疑在现在课程内容中所占比例过小。

表 2-2-6　科学领域各学科内容标准重点承载的中国学生发展核心素养要点分布

单位：%

核心素养方面	六大核心素养	要点	物理	化学	生物学	合计
文化基础	人文底蕴	人文积淀	—	—	—	—
		人文情怀	—	—	—	—
		审美情趣	—	—	—	—
	科学精神	理性思维	57.7	58.5	41.4	55.8
		批判质疑	0.3	4.4	8.6	3.2
		勇于探究	13.8	9.5	25.8	13.6
自主发展	学会学习	乐学善学	—	3.2	—	1.4
		勤于反思	—	—	—	—
		信息意识	—	—	—	—
	健康生活	珍爱生命	—	—	13.3	1.8
		健全人格	—	—	—	—
		自我管理	—	—	—	—
社会参与	责任担当	社会责任	7.5	15.9	6.3	11.0
		国家认同	—	—	—	—
		国际理解	—	—	—	—
	创新实践	劳动意识	—	—	—	—
		问题解决	14.0	8.5	—	9.6
		技术运用	6.8	—	4.7	3.5

　　表 2-2-7 呈现了科学领域各学科内容标准在义务教育阶段学科核心素养框架中的分布情况。数据表明，内容标准相对集中于科学观念(34.0％)和科学探究(26.3％)，科学态度与责任略少(17.8％)。化学、生物学内容标准的四个维度分布较为均衡。物理凸显了科学观念。

表 2-2-7　科学领域各学科内容标准在北京市义务教育阶段学科核心素养框架中的分布情况

单位:%

学科	学科核心素养框架			
	科学观念	科学思维	科学探究	科学态度与责任
物理	53.0	14.8	24.4	7.8
化学	24.9	27.3	23.2	24.6
生物学	24.2	23.4	31.3	21.1
平均	34.0	21.8	26.3	17.8

　　(2)科学领域各学科内容标准编码结果的一致性分析

　　表 2-2-8 呈现了科学领域各学科组内外专家关于内容标准编码结果的一致性情况。Kappa 系数的结果表明:①整体来看，各学科组内专家关于内容标准编码的一致性程度不断提升，最后普遍达到较高认同水平;②组外专家的认同水平普遍低于组内专家，这意味着关于本学科内容标准的所有条目如何实现对核心素养的承载，组外专家所建议的路径各不相同。需要说明的是，第四轮组内 Kappa 系数是借鉴了组外专家意见后进一步调整的结果。

表 2-2-8　科学领域各学科组内外专家关于内容标准编码结果的一致性情况

学科	轮次	内容标准条目个数	编码人数	中国学生发展核心素养 Kappa 系数			学科核心素养 Kappa 系数	
				一级	二级	三级	一级	二级
中学物理	第一轮	385	3	0.73	0.73	0.79	0.77	0.87
	第二轮	385	6	0.75	0.74	0.79	0.71	0.75
	第三轮(外)	385	4	0	0	0	0	0
	第四轮	385	6	0.86	0.85	0.88	0.72	0.76

学科	轮次	内容标准条目个数	编码人数	中国学生发展核心素养 Kappa 系数			学科核心素养 Kappa 系数	
				一级	二级	三级	一级	二级
中学化学	第一轮	410	6	0.25	0.21	0.21	0.38	0.34
	第二轮	410	6	0.71	0.70	0.76	0.66	0.61
	第三轮(外)	410	4	0.06	0.06	0.07	0.37	0.14
	第四轮	410	6	0.98	0.98	0.98	0.99	0.70
中学生物学	第一轮	130	6	0.48	0.48	0.35	0.41	0.35
	第二轮	128	6	0.84	0.83	0.60	0.72	0.70
	第三轮(外)	128	4	0.69	0.65	0.50	0.50	0.47
	第四轮	128	6	0.90	0.90	0.76	0.83	0.80

(三)开展基于核心素养的科学领域学科学业标准的效度研究

2017 年 5 月，科学领域各学科分别组织了对以上初步构建的基于核心素养的学业标准的调研。其主要目的是为基于核心素养的学业标准的出台提供进一步的证据。调查对象是北京市初、高中阶段各学科的学科带头人、骨干教师、教研员和一线教师，共计 198 人。调查内容包括：①对基于核心素养的学业成就水平描述适切性的认同程度及相应建议；②对内容标准条目承载的核心素养要点的认同程度及相应建议；③对内容标准条目对应的学业成就水平层级的认同程度及相应建议。调查的内容标准条目共为 885 个，占总数923 个的 96%。

表 2-2-9 的调查结果表明：从中国学生发展核心素养要点的角度分析，社会责任和理性思维的认同度最高，而勇于探究和批判质疑的认同度较低，主要受生物学学科的影响。学科核心素养的认同度略高于国家核心素养，且四个方面的认同度较均衡，其中科学态度与责任的认同度最高。

表 2-2-9　科学领域各学科核心素养要点认同度调查结果

单位：%

学科	国家核心素养				学科核心素养			
	理性思维	批判质疑	社会责任	勇于探究	科学观念	科学思维	科学探究	科学态度与责任
生物学	59.5	16.7	66.6	20.0	52.2	50.1	50.0	80.0
化学	99.6	94.5	100	100	100	100	100	100
物理	100	100	100	100	97.6	100	97.7	92.0
平均	86.37	70.40	88.87	73.33	83.27	83.37	82.57	90.67

注：表中数据为 95% 以上的调查对象认同条数百分比。

在认同度较高的基础上，分学科逐条对内容标准的认同度数据进行分析，筛选出认同度较低（低于 90%）的条目，并参考调查对象提出的建议进行具体修改。

三、讨论与展望

研究初步构建起北京市初中科学领域基于核心素养的学业标准，并为后续学校依据该标准开展教学和评价提供有力支持。在借鉴和参考国内外相关经验的基础上，研究凸显了省级研究对核心素养、课程标准与学科教学的贡献，其研究过程和方法具有一定的推广价值。

(一)搭建核心素养与现有课程教学实践之间的桥梁

借鉴国内外相关经验，通过一系列实证操作，研制形成基于核心素养的学业标准，使其成为连接核心素养与现有课程教学实践的桥梁。这座桥梁实现了三个环节的转承：从"完整人"的核心素养到科学领域核心素养，从科学领域核心素养到各学科内容标准，从各学科内容标准到学科教学与评价。由于我国基础教育发展的复杂性，该桥梁采用核心素养要点与现有学科内容标准"双调整""互适应"的匹配思路，通过编码将抽象的核心素养要点与学科内容标准建立内在联系，形成学科教学承载核心素养的路径，且对学科重点承载的核心素养要点的内涵描述是建立转承关系的根本依据。

在搭建以上桥梁的过程中，为了凸显科学领域特征，强调学科内容标准承载核心素养的针对性，项目组采取了"4＋2"要点框架及"一对一"编码的方法，可能会影响核心素养在学科中渗透的完整性。对于由研究方法导致的局限性，项目组将在教学设计与实施过程中尽量克服。

(二)统整科学领域各学科，以突出共通性和关键特征

基于核心素养的升级版学业标准，是在整合了三个学科能力领域的行为动词的基础上基于核心素养要点框架的进一步统整。三个学科对核心素养要点的内涵描述都源于共通性描述，为分学科进行内容标准编码提供了相同依据。科学领域的核心素养框架与科学课程的共同点，如科学探究、基于证据的逻辑思维、科学方法、科学精神等高度一致，体现了科学课程教育的关键特征。

科学领域学业标准的研制可在一定程度上克服分科课程教学的局限性。基于核心素养要点进行学科间横向分析，可为今后有效加强学科间整合、建设初中综合科学课程提供实证性的参考。例如，以"核心素养"＋"水"为关键词进行检索，可以发现三个学科的联系。物理"知道水的三态变化过程"，化学"能说出水的元素组成和水分子的原子构成"，生物学"举例说出水、温度、空气、光等是生物生存的环境条件"，分别从物理变化、物质组成、实际应用三个角度构建了初中阶段学生关于"水"的学习内容和要求，以及以"水"为载体发展理性思维的具体路径。此外，科学领域各学科的共通性还体现在科学思想和方法上，例如，控制变量是统领科学实验思想、设计和评价科学实验能力的关键要素。

(三)提供直接作用于教学与评价设计的质量蓝图

原有的北京市义务教育阶段学科学业标准基本实现了从内容、能力两个维度定义教学质量的目的。升级版学业标准增加了核心素养维度，使每条内容标准可从三个维度进行定义。在当前中高考改革背景下，明确划分能力水平等级的学业标准成为较准确开展不同类型、不同水平教学和评价的重要依据。同时，增加的核心素养维度为基于核心素养的学业水平考试研究提供了测试框架。

未来项目组将把基于核心素养的学业标准广泛应用于教学案例研究，把

筛选后的编码表直接作为命制学业水平测试卷的蓝图。此外，项目组将通过培训活动及工作坊等，在更大范围的实践中应用以上成果，使获取的案例和数据成为不断完善学业标准的参考。

参考文献

[1]褚宏启.核心素养的国际视野与中国立场——21世纪中国的国民素质提升与教育目标转型[J].教育研究，2016(11).

[2]邵朝友，周文叶，崔允漷.基于核心素养的课程标准研制：国际经验与启示[J].全球教育展望，2015(8).

[3]刘克文，李川.PISA 2015科学素养测试内容及特点[J].比较教育研究，2015(7).

[4]朱鹏飞.学科核心素养的研究进展及其对中学化学教学的启示[J].化学教学，2017(1).

[5]林崇德.21世纪学生发展核心素养研究[M].北京：北京师范大学出版社，2016.

[6]辛涛.学生发展核心素养研究应注意几个问题[J].华东师范大学学报（教育科学版），2016(1).

[7]黄冬芳，李伏刚，等.义务教育阶段学业标准与评价：初中化学[M].北京：北京师范大学出版社，2017.

[8]秦晓文，翟磊，等.义务教育阶段学业标准与评价：初中物理[M].北京：北京师范大学出版社，2017.

[9]黄光雄，蔡清田.核心素养：课程发展与设计新论[M].上海：华东师范大学出版社，2016.

构建基于学生发展核心素养的学科学业标准

——以义务教育阶段语文学科为例

李英杰、王彤彦

2014 年，教育部发布了《关于全面深化课程改革 落实立德树人根本任务的意见》，明确提出要研究制定学生发展核心素养体系和学业质量标准，并把核心素养和学业质量要求落实到学科教学中。2016 年 9 月，《中国学生发展核心素养》正式发布。核心素养的有效培养成为学科教学亟须解决的问题和教育理论与实践发展的内在需求。

语文学科如何落实核心素养？学科育人价值主要体现在哪些特定的核心素养上？核心素养与语文原有教学内容体系的关系是什么？针对这些问题，北京市展开了基于《中国学生发展核心素养》的语文学科学业标准研究。

一、研究背景与问题提出

(一)研究背景

20 世纪 90 年代以来，世界各主要发达国家和国际组织纷纷开展核心素养的相关研究，并将研究成果融入自身的课程体系之中。1997 年 12 月，经济合作与发展组织首先启动了"素养的界定与遴选"项目。2002 年，美国创立"21世纪技能联盟"（Partnership for 21st Century Skills），提出了 21 世纪技能框架。2010 年，美国又出台了"共同核心州立标准"，成为各学科教学的指导性材料。2008 年，日本颁布《学习指导要领》，提出了学生八个方面的素养。英国、澳大利亚、联合国教科文组织等国家和组织也都提出了自己的核心素养框架。可以说，核心素养的研究已经成为顺应国际教育改革趋势、增强国家核心竞争力、提升国家人才培养质量的关键环节。

《中国学生发展核心素养》的发布是我国核心素养研究的一大里程碑，但仍属于"宏观教育目标层面"。当前，我国学校教学的主要形态仍然是学科课程教学，教育目标主要是通过学科课程教学实现的。因此，核心素养需要融入学科课程，以学科课程为载体，并在学科课程教学中具体化。这一观点，在当前核心素养研究中成为众多研究者的共识。只有将核心素养与学科课程建立相应联系，才能避免学科课程实践偏离核心素养要求、核心素养流于形式等潜在风险。

(二)问题提出

从近几年的研究成果看，有关核心素养课程层面的研究仅占所有研究的少部分，特别是语文学科的已有相关研究数量更少。

按篇名"核心素养"并含"语文"在中国知网期刊部分进行搜索（搜索时间为2017 年 9 月），共得到文献 150 篇，其中 2013 年仅有 1 篇，到 2017 年已经达到了 98 篇，可见语文学科如何落实核心素养已经成为研究的热点，并引起了广大研究者的热切关注。但核心期刊中的研究结果却只有 27 篇，可见当时比较重要的研究成果还没有大量出现。对 27 篇核心期刊研究成果进行进一步分析发现，48.1%（13 篇）的文献仅仅将语文核心素养或核心素养作为一种视角和观点，探索的是核心素养视角下的具体教学方法，如倪文锦的《语文核心素养视野中的群文阅读》、王红梅的《基于语文核心素养的"自学导航"设计》等。将核心素养仅仅作为一种视角对语文教学进行审视，还没有触及核心素养与语文学科课程融合研究的根本。22.2%（6 篇）的文献是对在语文学科教学实践中落实核心素养的触摸式探索，如许红琴的《聚焦　延展　转变——例谈提升学生语文核心素养的策略》等。举例式的探索虽然对核心素养与语文学科课程融合研究有所帮助，但还只是冰山一角。核心素养与学科课程之间的关系问题仍然是问题解决链条上至关重要的一环。

此外，从教师的教育教学实践看，如何将国家对核心素养的顶层设计转化为学生身上实实在在的发展变化面临较大的困难。义务教育语文课程标准中的核心素养属于"内容偏重型"，课程目标和实施建议中都较少涉及核心素养的内容。这使得教师在实践中更加茫然。厘清核心素养与学科课程之间的关系，是语文学科落实核心素养的必备基础。

2014 年，教育部颁发的《关于全面深化课程改革 落实立德树人根本任务的意见》指出要"研究制定学生发展核心素养体系和学业质量标准"。教育部将学生发展核心素养体系与学业质量标准同时提出，提示我们二者之间存在紧密联系。辛涛在其研究中明确指出，核心素养和学业质量标准都是对学生所要具备的能力和品格的要求，但二者指导的范围不同。核心素养是党的教育方针的具体体现，而学业质量标准则是核心素养和课程内容有机结合后制定的，可以直接指导教师的课堂教学和教育评价。因此，开展基于核心素养的语文学科学业标准研究，就是在构建核心素养与语文学科课程内容之间的桥梁，就是语文学科落实核心素养的重要组成部分。

其他国家和地区的核心素养实践也告诉我们，将核心素养落实到学科课程之中，首先要明确核心素养和学科课程之间的关系，即学科课程需要承担哪些核心素养的培养。因此，基于核心素养的语文学科学业标准研究首先要确定的就是语文学科主要承载哪些核心素养的培养，构建语文学科承载的国家核心素养要素的框架，然后对语文学科承载的核心素养要点与语文学科学业标准之间的关系进行梳理。

2013 年，北京教育科学研究院基础教育教学研究中心开展了义务教育语文学科学业标准研制工作，并正式出版了《义务教育阶段学业标准与评价：中学语文》及《义务教育阶段学业标准与评价：小学语文》。该研究基于对实证测试数据的统计分析与对国际已有研究的梳理，充分调研了北京市语文教学实际，体现了能力要求的层次性和科学性，对义务教育语文课程标准的内容进行了具体化、操作化的描述。这一研究是本研究的重要基础。

二、研究过程与方法设计

研究主要分为三个阶段。

第一个阶段，构建语文学科承载的核心素养结构系统。任务主要是在对国内外相关文献进行学习与研讨的基础上，采用问卷调查的方法，对语文学科可以承载的中国学生发展核心素养的要点进行调查、遴选。调查严格遵循工具开发、网上实施、结果分析、要点确定的研究步骤。研究共调查 435 人（小学 251 人、中学 184 人），全面涵盖了课程专家、教研员、特级教师、市级学科带头人、市级骨干教师。

第二个阶段，形成基于核心素养的北京市义务教育语文学科学业标准。任务主要是利用北京市原有的义务教育语文学科学业标准，通过多级编码、数据分析的方法，将原有的学业标准与语文学科承载的核心素养要点进行对接。编码的过程就是明确语文学科核心素养框架中各要点的内涵，并建立其与学业标准具体内容对应关系的过程。多类型人员代表多次参与编码，可以有效地保证核心素养内涵的准确性。编码对接主要分为 4 轮。其中，学科组内中小学各 6 位学科专家独立编码 3 轮；学科组外 3 位专家独立编码 1 轮。编码人员涉及高校课程研究专家、特级教师、教研员等人群。

第三个阶段，开展基于核心素养的学业标准实效研究。一方面，通过问卷调研、数据分析的方法，调研北京市各个区县的中小学语文教师共 180 人（小学 90 人、中学 90 人），根据广大一线教师的意见对学业标准进行完善；另一方面，同时开发相应的教学和评价案例，对基于核心素养的学业标准进行教学实践的检验。

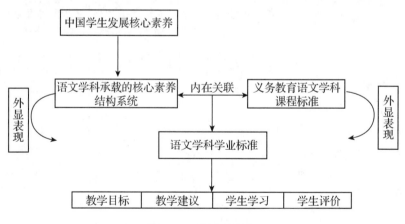

图 2-3-1 研究过程图

整个研究过程可以用图 2-3-1 表示。在构建语文学科承载的核心素养结构系统时，关注核心素养要点与学科课程标准之间的内在关系，基于语文学科的特殊性和可能性遴选核心素养要点。基于核心素养的语文学科学业标准是语文学科课程标准的具体化和行为化，同时也是核心素养要点在语文学科中的具体化和行为化。基于学业标准进一步开发的教学和评价案例，既是对学业标准的检验，同时也是学业标准的实践参考。从国家层面的学生发展核心素养到语文学科承载的核心素养结构系统，从基于核心素养的学业标准到基于学业标准的教学和评价案例，体现了研究者对核心素养落实研究的一体化设计，同时也体现了语文学科教学对培养"完整人"的根本追求。

三、语文学科承载的核心素养结构系统的确定

(一)语文学科承载的核心素养要点的遴选

本研究通过广泛的调查对不同人群的看法进行了梳理，通过大量的文献研究对已有研究成果进行了分析，以此遴选语文学科承载的核心素养要点。表 2-3-1 呈现不同群体的前 10 位排序结果。

表 2-3-1　语文学科承载的中国学生发展核心素养要点重要性排序调查结果[①]

中国学生发展 核心素养			总体(小学)		总体(中学)		专家结果		教师结果	
			重要性 分值	重要性 排序	重要性 分值	重要性 排序	重要性 分值	重要性 排序	重要性 分值	重要性 排序
文化基础	人文底蕴	人文积淀	19.0	1	19.9	2	22.3	2	18.8	1
		人文情怀	17.9	2	20.5	1	23.0	1	17.6	2
		审美情趣	16.5	4	16.9	5	18.6	4	16.4	4
	科学精神	理性思维	11.5	13	14.4	9	16.9	5	11.3	13
		批判质疑	13.1	9	14.9	7	20.8	3	13.2	9
		勇于探究	14.0	6	12.8	12	14.1	7	14.1	6

[①]　此研究做于 2016 年，以《中国学生发展核心素养（征求意见稿）》为蓝本。《中国学生发展核心素养》正式发布后，研究者又进行了对比研究和分析。

中国学生发展核心素养			总体(小学)		总体(中学)		专家结果		教师结果	
			重要性分值	重要性排序	重要性分值	重要性排序	重要性分值	重要性排序	重要性分值	重要性排序
自主发展	学会学习	乐学善学	16.8	3	13.3	10	13.6	8	16.8	3
		勤于反思	13.5	8	11.8	13	12.8	10	13.5	8
	健康生活	珍爱生命	13.1	10	13.2	11	10.1	14	13.0	10
		健全人格	16.2	5	17.0	4	14.9	6	16.4	5
社会参与	责任担当	社会责任	12.5	11	14.7	8	10.6	12	12.6	11
		国家认同	13.8	7	15.8	6	10.7	11	14.1	7
		国际理解	9.3	14	19.1	3	10.2	13	9.4	14
	实践创新	问题解决	12.2	12	10.0	14	13.6	9	12.4	12

注：表中"批判质疑"和"珍爱生命"在"总体(小学)"一栏中的分值均为 13.1，因其为约数，而"批判质疑"实际值稍大，所以以"批判质疑"排名为 9，"珍爱生命"排名为 10。表中相同情况皆适用此理由。

(二)语文学科承载的核心素养要点的确定

调查结果表明，虽然专家、教师等不同群体的观点略有差别，但他们对语文学科应当承载的中国学生发展核心素养的基本认识是一致的：不同群体都共同关注了语文学科在文化基础、自主发展、社会参与三个方面所能承载的要点。也就是说，语文学科要从文化基础、自主发展、社会参与三个方面承载中国学生发展核心素养，以实现对人的发展的整体关注，忽视其中的任何一个方面都是人整体发展的缺位。

调查结果还显示，语文学科的人文性得到了各个群体的共同关注。人文积淀、人文情怀、审美情趣在各个群体的排序中均处于前列。关注对学生持久的学习能力的培养和健全人格的培养，也是各个群体都比较关注的。乐学善学、批判质疑、健全人格均进入了前 10 名。这体现了语文学科基础性的特点。

通过对中国学生发展核心素养的内涵进行分析发现，人文情怀重点指的是具有以人为本的意识，尊重、维护人的尊严和价值，能关切人的生存、发展和幸福等。和人文情怀相比，人文积淀更为集中地体现了语文学科人文性的特点。批判质疑、勇于探究、问题解决三者之间在内涵上具有一定的共通性，即关注问题意识和独立思考能力。

另外，语言是人类认识的结晶，语言本身就是信息的载体。学习语言的过程，也是学习加工、处理信息的过程。随着信息化社会的不断发展，时代对人的信息加工能力提出了更高的要求。语文学科在培养学生的信息意识方面有着义不容辞的责任。

综合以上思考，项目组初步确定了北京市义务教育语文学科共承载中国学生发展核心素养中的 6 个具体要点。其中，文化基础部分承载三个要点，分别是人文积淀、审美情趣和批判质疑；自主发展部分承载两个要点，分别是乐学善学和信息意识；社会参与部分承载一个要点，为问题解决。见图 2-3-2。通过这样的整体设计，体现语文学科的人文性和基础性特点，体现人们对学生独立参与社会生活、形成持续发展能力的关注。

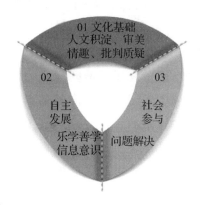

图 2-3-2

四、语文学科承载的核心素养要点内涵的确定

(一)语文学科承载的核心素养要点与学业标准的对接

国家对学生发展核心素养的描述是学科本位的，是学校所有课程的共同目标。只有有了具体的学习内容作支撑，才能明确语文学科所承载的核心素

养要点具体的内涵。因此，项目组对语文学科所承载的核心素养要点与学业标准具体条目之间的关系进行了多次编码。

从编码的结果看，学科组在三次编码中对框架内涵的理解渐趋一致。Kappa 系数从最初的 0.04，提高到了 0.8 左右。专家组与学科组的 Kappa 系数也在 0.35 左右。这说明，在核心素养要点和学业标准条目的对应关系上，专家组与学科组之间的认识是基本一致的。至此，语文学科所承载的核心素养要点和具体的学业标准之间形成了紧密的联系。具体数据见表 2-3-2。

表 2-3-2 学科组及专家组编码结果分析

轮次			总条目个数	单编码条目个数	编码人数	Kappa 系数			一致条目个数及比例	
						一级	二级	三级	数量	百分比
学科组编码	第一轮	小学语文	25	25	5	0.04	0.05	0	0	0
		中学语文	30	30	2	0.15	0.11	−0.04	2	6.7%
	第二轮	小学语文	313	195	6	0.43	0.5	0.49	72	36.9%
		中学语文	452	452	6	0.91	0.92	0.9	403	89.2%
	第三轮	小学语文	310	263	6	0.69	0.71	0.72	131	49.8%
		中学语文	452	452	6	0.93	0.92	0.89	401	88.7%
专家组编码			762	715	3	0.35	0.35	0.34		

在核心素养要点与学业标准引导性对应关系的提出上，本研究采用了单编码为主、双编码为辅的方式。采用单编码的方式，构建了核心素养要点与学业标准之间的一一对应关系，同时保留了对某些学业标准具体内容的双重编码，允许一条学业标准对应两个核心素养要点。这样做，既考虑了研究阶段的现实需求，也考虑了学科内容本身的一些特点。一方面，编码力求实现核心素养与学业标准内容之间的对应，这样可以帮助教师把握核心素养与原有教学内容之间的关系，更好地确定教学的方向和重点，进而提高教学的实效性。另一方面，语文学科不同内容的复杂性是不一致的。大部分学业标准是比较单一的，其对不同核心素养养成的贡献是有功能大小之分和主次之分的。将学业标准与核心素养要点建立一一对应的关系，可以帮助教师确定教

学的重要落脚点，发挥学科教学内容的最大价值。保留双编码的方式，则是在力求关注复杂性的同时寻求二者之间对应关系的简化表达。

(二)语文学科承载的核心素养要点内涵的界定过程

基于编码结果，项目组将各个核心素养要点所对应的学业标准内容进行梳理、提炼，初步形成了中国学生发展核心素养的语文学科内涵。

以对"乐学善学"的梳理为例。项目组将所有编码为这一要点的学业标准内容进行梳理，确定了"乐学善学"在语文学科中包含的内容。具体见表 2-3-3。

表 2-3-3 编码为"乐学善学"的学业标准内容(节选)

主题	内容标准	内容标准细目
识字写字	1.4 独立识字	能根据需要灵活、熟练地选择恰当的方法独立识字
阅读	2.1 阅读方式	能用普通话正确、流利、有感情地朗读
		能通过默读深入理解文本，每分钟不少于 400 字
		能根据需要进行略读和浏览
	2.4 阅读思维	能根据语言材料，联系自身经验，进行推想，多角度展开联想或想象，产生体验和感受，深入理解语言和丰富表达内容
	2.5 阅读积累	能主动积累优秀诗文
		养成良好阅读习惯
		能主动扩展阅读面
写作	3.1 积累素材	养成留心观察周围事物的习惯，丰富自己的见闻
	3.2 选择材料	能选择突出写作目的的材料
	3.5 习作修改	能正确运用修改符号修改习作，做到语句通顺，行款格式正确
		能够通过和他人沟通修改习作，准确表达自己的意思和情感
口语交际	4.1 倾听	听他人说话时认真耐心
		能专注地倾听
	4.2 表达	敢于发表自己的意见，与人交流时能尊重对方
		能自信地表达自己的观点

在参考国家对"乐学善学"内涵的描述的基础上，结合其在语文学科中的具体所指，项目组提炼出了"乐学善学"的学科内涵。项目组在中小学不同学

段之间采用了同样的表达方式，以体现语文学习的连贯性，帮助教师开展教学实践。

(三)语文学科承载的核心素养要点的内涵

"人文积淀"重点是指：具有古今中外人文领域的基本知识，能在语文学习的过程中，吸收人类优秀文化的营养，汲取文化智慧，提高文化品位；能理解和掌握人文思想中所蕴含的认识方法和实践方法等，具有适应实际生活需要的识字写字能力、阅读能力、写作能力、口语交际能力，正确运用语言文字。例如，掌握常用汉字的音形义，积累优秀词句、诗文等语言材料，具有整体感知等阅读能力。

"审美情趣"重点是指：热爱祖国语言文字，具有语言文字和文学艺术等方面的知识、技能与方法；能理解和尊重文化艺术的多样性，具有发现、感知、欣赏、评价语言文字和文学美的意识及基本能力；具有健康的审美价值取向；具有艺术表达和创意表现的兴趣及意识；能在生活中拓展和升华美等。例如，能美观地书写汉字；能欣赏阅读文本中的人物形象、情感以及表达方法产生的效果或富有表现力的语言。

"批判质疑"重点是指：具有问题意识；能独立思考、独立判断，对作品的内容和表达有自己的认识，能提出自己独特的见解和主张；思维缜密，能多角度、辩证地分析问题，能做出选择和决定等。例如，在阅读中能有自己的观点，形成自己的分析与判断。

"乐学善学"重点是指：能正确认识和理解语文学习的价值，具有积极的学习态度和浓厚的学习兴趣；能养成良好的语文学习习惯，掌握适合自身的语文学习方法，多读多写，日积月累，在大量的语文实践中体会、把握、运用语文的规律；能自主学习，具有终身学习的意识和能力等。例如，学会独立识字；掌握朗读、默读、略读和浏览等阅读方式，学会联想、想象等阅读方法；学会积累、选择习作材料以及修改习作的方法；能积极主动参与阅读、表达等语言活动，形成良好的学习态度等。

"信息意识"重点是指：初步了解查找资料、运用资料的基本方法，初步具备自觉、有效地获取、评估、鉴别、使用信息的能力；具有数字化生存能力，主动适应"互联网＋"等社会信息化发展趋势，积极尝试运用新技术和多媒体学习语文。例如，能通过阅读、倾听等途径获取信息。

"问题解决"重点是指：善于借助已有的语文知识背景，从学习和生活中发现和提出问题，有解决问题的兴趣和热情；能依据特定情境和具体条件，综合运用学到的语文知识和能力，选择、制定合理的解决方案，对问题进行分析与解决等。例如，能尝试利用已有经验和读写素材，解决发现的问题。

五、基于核心素养的语文学科学业标准的典型特征

(一)在核心素养整体视域下，凸显语文学科的人文性与工具性特点

中国学生发展核心素养是对教育要培养的"理想人"的全面描述，其落实要靠各个学科的共同努力。不同的学科应发挥各自的优势，学科之间联动互补，共同完成对学生必备品格和关键能力的培养。由于语文学科本身的特殊性，其在培养学生形成核心素养的 18 个具体要点上所能发挥的功能是不同的。基于核心素养的语文学科学业标准的开发就是对语文学科所能重点承载的中国学生发展核心素养要点进行的抽离和梳理，以此来实现培养目标的聚焦，并凸显中小学语文学科的特殊性。例如，构成语文学科承载的核心素养结构的 6 个要点以文化基础部分为最多，体现了中小学语文学科的基础性、人文性特点。

当然，构成语文学科承载的核心素养结构的 6 个要点只是语文学科培养的重点，不是语文学科培养的全部内容。教师在教学过程中仍应关注素养的整体性，在促进人的整体发展的视角下，审视、设计、实施学科教学。

(二)在必备品格的指引下，凸显语文学科的关键能力

中国学生发展核心素养是对学生应具备的能够适应个人终身发展和社会发展需要的必备品格和关键能力的描述。知识是能力的基础，能力是素养的前提。但只有当能力具备了积极的文化价值，具有了利他的道德情怀，才能成为人的素养。关键能力只有辅以必备品格才具有推动社会发展的意义。

因此，基于核心素养的学业标准的开发从促进"完整人"的发展出发，关注知识、能力与品格的关系。首先，不仅聚焦听、说、读、写等单维能力，

而且强调能力的综合运用。其次，不仅关注能力的掌握，而且关注什么样的人具有能力以及怎样运用能力，强调必备品格对能力的导向价值。最后，不仅重视关键能力培养路径的实践性，更重视在活动情境中对能力与品格两个方面的统一培养。

（三）在语文核心素养整体视角下，跨学段整体开发中小学语文学科学业标准

素养的养成是知识、能力、情感、态度等不断积蓄、统整的渐进过程。语文学科的不同学习内容之间具有很强的关联性。这些都决定了国家核心素养在语文学科中的落实要依托跨学段整体开发中小学语文学科学业标准。一方面，关注学生发展的纵向脉络，整体设计小学、中学阶段语文学科核心素养的要点构成及内涵，以体现学生发展、学科学习的连续性。另一方面，关注各核心素养要点之间的横向关系，整体设计国家核心素养与学科学业标准之间的对应关系，以体现素养本身的整体性和不可分割性。从研究的实践意义上看，还应整体设计学科核心素养框架、教学和评价示例，以加强理论研究与实践探索之间的融通，体现研究的实践指导性。

当然，义务教育阶段的学生在学习需要、认知特点、能力状况等方面均具有特殊性。核心素养的确定还要区分教育阶段，强化阶段特征，同时体现培养的连续性。例如，对于叙事性文章的整体感知，六年级要求能"厘清文章表达顺序"，七年级则要求能"把握文章层次之间的关系"，两个要求体现了学生能力发展的连贯性。

（四）在理论研究的基础上，注重实证研究结果的运用

辛涛在研究学生发展核心素养的过程中指出，在不同学段的学习结束之后，学生的核心素养的表现究竟是什么，相关的研究还不能很好地回答，因此，进行真正的实证研究迫在眉睫。

基于核心素养的学业标准研究既重视吸纳已有理论研究的成果，同时也十分重视对实证研究结果的分析与运用。研究以10年学业评价数据为基础开发学业标准，不同年级学生在学习结束后所能达到的水平建立在对学业评价数据进行分析的基础上。同时，研究还以大量的调查数据为依托遴选学科承载的核心素养要点，以详细的编码分析为参照确定核心素养与学业标准之间的具体关系，并以调查数据为标准对所开发的学业标准进行检验。可见，实证贯穿研究的始终，是研究中不可分割的一部分。

六、研究反思

(一)语文学科学业标准是语文学科落实中国学生发展核心素养的桥梁

学科学习内容是核心素养培养的主要载体。2016 年《中国学生发展核心素养》出台时，义务教育语文课程标准还未进行基于核心素养的修订。教师需要自主建构起语文学科学习内容和核心素养之间的关系。这在核心素养推进的初级阶段是不利于核心素养的有效落实的。基于核心素养的语文学科学业标准的开发，就是在回答语文学科重点承载哪些核心素养，就是在建立语文学科学习内容与国家培养目标之间的关系。这是当前阶段语文学科落实核心素养的基本途径。

(二)在中国学生发展核心素养的框架下研制语文学科核心素养

如果说中国学生发展核心素养从宏观层面深入回答了国家"立德树人"的教育方针到底要"立什么德、树什么人"的根本问题，那么语文学科就需要从中观层面回答语文学科能够为学生整体发展提供哪些助力的问题，从微观层面回答语文学科学习内容与国家培养目标之间关系、语文教学如何具体实施的问题。也就是说，中国学生发展核心素养需要学科核心素养的培养来实现，学科核心素养的培养要在学科教学实践中完成。从国际研究现状看，美国、英国、澳大利亚等国家也逐步将教育标准从重视学科内容、教学过程转向重视学生核心素养的培养和学科核心能力的塑造上，学科核心素养体系的构建已经成为国际教育改革的趋势。这些都说明，构建学科核心素养体系不仅是深化改革的必然选择，也是我国教育改革与国际教育改革趋势相衔接的重要环节。

当前，有专家指出语文学科核心素养应该包括"语言建构与运用""思维发展与提升""审美鉴赏与创造""文化传承与理解"。这是在整体理解中国学生发展核心素养的基础上，对语文学科要培养什么样的人的完整描述；是对学生应该具备的能够适应个人终身发展和社会发展需要的语文必备品格和关键能力的描述。但这一学科核心素养与国家核心素养之间的关系还需进一步厘清。尽早确定语文学科核心素养有利于语文学科教学更好地落实国家核心素养。

(三)提出核心素养与学业标准的对应关系，同时鼓励教师的个性化探索

语文学科是人文性与工具性相结合的学科。中国学生发展核心素养与语文学科学业标准具体条目之间的关系是复杂的。同一个核心素养可以经由不同的学业内容培养，同一个学业内容也会促进不同核心素养的培养。在核心素养与教学实践结合性研究的初级阶段，过于强调两者之间的多重、复杂关系会给教师的实践探索带来诸多不必要的麻烦；过于强调两者之间的一一对应关系，则会使教师忽视语文学习的整体性和综合性，容易造成核心素养的简单化。因此，基于核心素养的学业标准既提出核心素养与学业标准之间的引导性对应关系，也鼓励教师对此进行个性化的实践探索。

参考文献

[1]施久铭.核心素养：为了培养"全面发展的人"[J].人民教育，2014(10).

[2]王烨晖，辛涛.基于核心素养的课程改革之关键问题[J].人民教育，2017(Z1).

[3]盛思月，何善亮.论学科核心素养的构建途径——基于近年来核心素养主题研究成果的量化分析[J].教育参考，2016(2).

[4]林崇德.21世纪学生发展核心素养研究[M].北京：北京师范大学出版社，2016.

[5]辛涛.学业质量标准：连接核心素养与课程标准、考试、评价的桥梁[J].人民教育，2016(19).

[6]于丹生.核心素养与学科课程的对应与关联[J].当代教育科学，2016(22).

[7]李英杰，等.义务教育阶段学业标准与评价：小学语文[M].北京：北京师范大学出版社，2017.

[8]杨九诠.学生发展核心素养三十人谈[M].上海：华东师范大学出版社，2017.

[9]姚虎雄.从"知识至上"到素养为重[J].人民教育，2014(6).

[10]辛涛.学生发展核心素养研究应注意几个问题[J].华东师范大学学报（教育科学版），2016(1).

[11]贾炜."零起点"政策背景下的儿童学习基础素养[J].中国教育学刊，2015(3).

北京市基于核心素养的教学设计研究

——以中学化学、历史学科为例

胡进、黄冬芳、王耘

2016 年 9 月，《中国学生发展核心素养》发布，详细阐明了中国学生发展核心素养的总体框架、基本内涵以及主要表现。中国学生发展核心素养这一抽象、概括化的培养目标如何在学科具体、微观的课堂教学中得到真正落实，是当前基础教育课堂教学实践亟待解决的热点、难点问题。本文结合"北京市义务教育阶段学生核心素养标准体系的建构与实施"项目两年的理论与实践的探索进行阐述。

一、基于项目理念开展基于核心素养的课堂教学的整体设计

"北京市义务教育阶段学生核心素养标准体系的建构与实施"项目有其遵循的基本研究理念，包括：教学设计要遵循学科课程标准，特别是课程标准中的课程目标与内容的关键部分内容；在课堂教学中要融入中国学生发展核心素养的培养，且每个学科都要结合各自学科特点进行核心素养的培养；研制基于学科课程标准、体现核心素养且适应新时代要求的学科学业标准；将基于核心素养的学科学业标准贯穿在教学设计的整个过程之中；注重围绕基于核心素养的学科学业标准对教学设计、教学过程及教学实施效果进行反思。图 2-4-1 呈现了基于核心素养的课堂教学的整体设计。

基于核心素养的教学设计是一种基于学科课程标准、中国学生发展核心素养的再创造。其与普通教学设计比较，在教学理念、教学目标、教学过程、教学反思以及教学评析部分均有独特性。详见表 2-4-1。

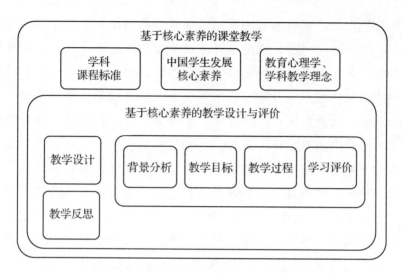

图 2-4-1　基于核心素养的课堂教学的整体设计

表 2-4-1　基于核心素养的教学设计与普通教学设计的比较

比较因素	基于核心素养的教学设计	普通教学设计
教学理念	学科课程标准、中国学生发展核心素养	学科课程标准
教学目标	课程标准、学业标准、教学目标	知识与技能、过程与方法、情感态度与价值观
教学过程	注重梳理与建构关键要素的关系	教师活动与学生活动的呈现
教学反思	从学生学习评价的角度进行反思	关注对教学过程的成效的反思
教学评析	从基于核心素养的学业标准的角度进行评析	关注对教学内容、教学方法的评析

二、构建基于核心素养的学业标准体系是课堂教学落实学生发展核心素养的依据

构建基于核心素养的学业标准体系是课堂教学落实学生发展核心素养的依据。课堂教学落实学生发展核心素养的前提是构建基于核心素养的学业标准体系。基于核心素养的学业标准体系的构建主要依据两个重要的文件：一是依据学科课程标准，基于学科课程标准实施教学已成为国际基础教育改革的一种趋势。但是由于学科课程标准偏概括化，需将学科课程标准中按照学

段划分的概括化内容标准细化为按照年级划分的具体化学业标准。二是依据《中国学生发展核心素养》，确定学科重点承载的核心素养要点，并将学科重点承载的核心素养要点对应标定在学业标准细目中。例如，化学学科通过调查研究确定了学科重点承载的核心素养要点为理性思维、批判质疑、勇于探究、乐学善学、社会责任、问题解决，并对这6个要点进行了基于中国学生发展核心素养的内涵界定以及课程标准的内涵描述。表 2-4-2 以理性思维为例阐述了中学化学学科重点承载的核心要点的表现描述，同时学科结合这些核心素养要点的内涵描述对学业标准的细目进行了学科重点承载的要点的逐一标定与对应。表 2-4-3 以中学化学学科为例，将课程标准的内容标准细化为 4 条不同水平的内容标准，且根据学科重点承载的核心素养要点的内涵描述进行了要点标定与对应。4 条内容标准细目分别对应勇于探究、理性思维、社会责任、勇于探究。

表 2-4-2　学科重点承载的核心素养要点及内涵描述（以中学化学学科节选要点为例）

核心素养方面	核心素养及内涵	核心素养要点及表现	中学化学学科表现描述
文化基础	科学精神：主要是学生在学习、理解、运用科学知识和技能等方面所形成的价值标准、思维方式和行为表现。具体包括理性思维、批判质疑、勇于探究等基本要点。	理性思维：崇尚真知，能理解和掌握基本的科学原理和方法；尊重事实和证据，有实证意识和严谨的求知态度；逻辑清晰，能运用科学的思维方式认识事物、解决问题、指导行为等。	理性思维：能从化学原理角度理解物质的组成和性质；掌握比较、分类、建模、假说等基本方法，及用化学语言描述物质组成和变化的方法；尊重事实和证据，有实证意识和严谨的求知态度；能说明实验装置的结构特点等，会依据原理设计实验方案；能运用比较、分类、建模、假说等基本的方法，基于获取的事实和证据进行逻辑清晰的推理，认识物质的组成、变化及其内在规律，并解决一些简单的化学学习问题等。

表 2-4-3　中学化学学科基于核心素养的内容标准(节选)

课程标准	内容标准细目	学业水平层次			中国学生发展核心素养
		合格	良好	优秀	
了解吸附、沉降、过滤和蒸馏等净化水的常用方法。	能依据常见净水方法的主要装置和操作方法等进行实验	√			勇于探究
	能说明常见净水方法的原理		√		理性思维
	能说明自来水厂或污水处理厂等实际应用中的主要净水方法		√		社会责任
	能自制简易的净水装置			√	勇于探究

　　之所以要建构基于核心素养的内容标准体系,是因为学科课程标准高度概括化,不能很好地解决课堂教学的具体执行问题。正如索洛曼(Solomon,P. G.)所言:"虽然课程标准可以作为指导教学和评价学习结果的工具,但它却不能用来解决具体执行的问题。"且中国学生发展核心素养涉及 18 个要点,所以学科需要结合各自的特点选择重点承载的核心素养要点进行内容标准的对接。

　　建构的基于核心素养的内容标准体系,是课堂教学落实核心素养的依据。基于核心素养的内容标准体系,保证课堂教学在传授学科课程标准的知识体系的同时,实现对学生的学科能力、核心素养的培养;引导教师基于学业标准,梳理与建构学科知识、能力、素养的关系,从单纯关注学科知识的桎梏中解放出来,聚焦学生能力与素养发展,最终实现人的全面发展。

三、开展基于核心素养的教学设计是课堂教学落实学生发展核心素养的前提

(一)教学设计架构

　　基于核心素养的教学设计不是通常意义上的教学设计,而是将基于核心素养的学业标准贯穿在教学背景分析、教学目标设定、教学过程设计、学习评价呈现与教学效果反思等整个课堂教学过程之中的教学设计。它为教师提供一种解析学科课程标准,理解、落实核心素养的新视角。其中核心素养、学业标准这两个核心词要贯穿于整个教学设计与实施的始终,如图 2-4-2 所示。

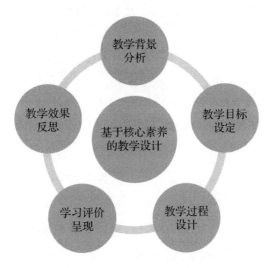

图 2-4-2 基于核心素养的教学设计

(二)教学背景分析

教学背景分析不局限于单一的教材分析，还要有针对教学内容发展学生核心素养的功能与价值分析以及学生核心素养发展情况分析。这样聚焦学生核心素养的教材与学情分析，有利于发挥教育目标指向功能。例如，在化学"混合物中物质/元素含量的测定——钙片中钙含量的测定"一课中，其教学背景分析如下。

1. 本课时教学内容发展学生核心素养的功能与价值分析

本节课属于综合复习课，属于课程标准中的一级主题"科学探究"范畴。本节课重在对实验探究的复习，主要任务是定量测定混合物中物质/元素的含量，内容主要涉及物质化学性质、实验探究各环节、数据记录与处理能力等。

为了培养和发展学生的问题解决能力，本节课特别以钙片中钙含量的测定为实际情境，让学生作为主体经历"分析测量原理→设计二氧化碳的测量方法→记录数据并计算得出结果→进行误差分析"这一完整过程，建立定量测定物质含量的思维模型，关注其中的具体细节和策略，进而提高应用化学知识来解决实际问题的能力。

2. 学生核心素养发展情况分析

课前教师进行了问卷调查以及学生访谈，发现大部分学生会进行有关化学方程式的简单计算，会依据化学方程式进行元素质量分数的计算，能说出并用化学方程式表示碳酸钙与盐酸反应的化学性质。同时，大部分学生具备一定的实验探究能力，但是并没有自主地进行较综合的实际问题研究，缺乏清晰的思路和明确的操作策略。具体体现在以下方面。

(1)问题解决方面

学生对实际问题背景下的定量实验了解较少，解决实际问题时缺乏清晰的思路和明确的操作策略。

第一，对定量实验思路的调查：绝大多数学生(87.5%)知道要依据物质的性质选择合适的实验原理，但是并不会实际分析，设计实验方案的思路是混乱的、无层次性的。

第二，对数据记录与处理方式的调查：大部分学生(75%)能考虑到测量哪些数据，但是仅有12.5%的学生能描述出具体的操作方法，对如何将想法转化成实际操作的思考不够。

第三，对手持技术的调查：只有8.3%的学生通过新闻报道、书籍等知道手持技术，只有1位学生在生活中用手持技术测定过居室中甲醛的含量。学生对手持技术的了解几乎空白，因此，创造性地引入手持技术可以开拓学生的视野，提升学习兴趣。

(2)勇于探究方面

学生已有化学实验操作的一些体验和经验，但基本是在教师的引导和组织下完成的，实验操作技能掌握得不够熟练，对定量实验的了解尤为不足。

(三)教学目标设定

教师应思考如何将以前关注知识与技能、过程与方法、情感态度与价值观的三维角度的教学目标转化为体现基于核心素养的学业标准的教学目标以及教学重点、难点。基于核心素养的学业标准的教学目标可以分为从宏观到微观的三层：首先为本节课涉及的课程标准要求，其次为本节课细化的学业标准，最后为基于学业标准的本节课教学目标。

以历史学科"元朝对西藏的管理"教学片段为例，我们可以清楚地看到这样的目标脉络。

1. 课程标准与学业标准的相关要求

①知道成吉思汗的崛起以及蒙古军灭夏、金和南宋。

②知道元朝的统一。

③知道元朝通过宣政院管辖西藏，以及西藏在元代正式纳入中国版图。

表 2-4-4

学习主题	内容标准	内容标准细目	学业水平层次			中国学生发展核心素养
			合格	良好	优秀	
宋元时期	知道西藏在元代正式纳入中国版图	知道西藏在元代正式纳入中国版图	✓			人文积淀
		识读元朝版图，说明西藏在元代正式纳入中国版图		✓		国家认同
		论证西藏自古以来就是中国的领土			✓	国家认同

2. 教学目标

①结合社会大课堂实践，了解蒙古的兴起、统一和元朝统一下的经济发展、民族和文化交融，掌握历史发展的基本线索和特征。

②通过填写学案，梳理元朝统一的进程，探究元朝统一的意义，初步掌握识图、分析史料的方法，提升人文素养。

③感悟身边的历史，培养探究意识，形成对元朝历史地位的客观认识，理解元朝统一的意义，形成辩证分析问题、客观看待历史发展的意识，形成国家认同感。

(四)教学过程设计

教学过程设计，需要关注丰富的情境性活动的设计及多样化教与学方法的设计。通过一个个教学活动的设计，引导教师由关注学科知识的传授转变为聚焦知识、能力、素养的全面发展，实现对学生发展核心素养的培养。情境化是 21 世纪教学与评价的重要维度之一，如国际学生评估项目(PISA)在阅读、数学、科学测试框架中均设定了情境维度。以 2009 年阅读情境为例，PISA 将阅读情境划分为个人、公共、职业、教育四大类别，并对每个类别进行了作用描述与材料举例。如公共情境的作用为获取公共信息，阅读材料为通告、规则、计划、报纸以及表格，详见表 2-4-5。

表 2-4-5　PISA 阅读情境分类、作用及阅读材料举例（2009 年）

阅读情境分类	作用	阅读材料举例
个人情境	好奇 与他人交往 审美方面的好处	书信、电子邮件、小说、传记、地图、博客
公共情境	获取公共信息	通告、规则、计划、报纸、表格
职业情境	做某件事或完成某个任务	说明书、手册、时间表、备忘录、报告、图表
教育情境	学习新知识	文章、图表

化学教学案例"混合物中物质/元素含量的测定——钙片中钙含量的测定"设计的情境如下。

片段一：创设情境，提出任务，建立定量测定物质/元素含量的思路。

教师：钙元素有人体"生命元素"的美誉，能促进骨骼发育。成年人每人每天需要补钙 1000 mg，有时仅通过食补无法实现，需要摄入钙剂进行补充。市场上有各种各样的补钙剂，其中的钙含量数据很重要。现在，我们想测定某品牌钙片中的钙含量，你知道如何测定吗？

板书：钙片中钙含量的测定。

教师：请小组进行讨论，设计实验方案，并将方案用流程图或步骤描述的方式表达在学案上。

小组讨论，设计实验方案。小组代表汇报实验方案。

小组 1：我们利用的是碳酸钙与稀盐酸的反应。将两者混合完全反应后，称量生成的二氧化碳的质量。具体操作是先称量稀盐酸和碳酸钙，然后将其混合后发生反应，再称剩余物质的质量，两者相减就是二氧化碳的质量。

小组2：用相同方法，但是步骤不同。第一步，先称量两片磨碎的钙片的质量；第二步，取过量的稀盐酸放入小烧杯中；第三步，称量所有的实验药品和仪器的质量；第四步，让钙片和稀盐酸反应，每当示数有变化时，记录新数据，直到示数不变时说明反应完全了；第五步，计算出二氧化碳的质量。

(五)学习评价呈现

学习评价呈现，是基于核心素养学业标准的教学设计不可忽视的一环，也是一般教学设计最易忽略的部分。学业标准本身就关注学生学习结果的呈现，关注教学评的一体化呈现。学生学习结果的呈现与评价是教学设计的重要组成部分，通过学生学习结果的呈现与评价，可以判断基于核心素养的学业标准在课堂教学中的落实程度。

以下是化学"混合物中物质/元素含量的测定——钙片中钙含量的测定"依据学业标准进行的学习效果评价设计，详见表2-4-6。

表 2-4-6　化学"混合物中物质/元素含量的测定
——钙片中钙含量的测定"学习效果评价设计

评价标准	学业水平	评价工具
能写出方程式，并能利用方程式进行相关计算	合格	纸笔测试： 胃酸的主要成分是盐酸，常见的治疗胃酸过多的药物有碳酸氢钠片，试写出反应的方程式： _____。 【成　分】碳酸氢钠。 【性　状】本品为白色片。 【药品类别】本品为抗酸类非处方药品。 【适应症】用于缓解胃酸过多引起的胃痛、胃灼热感（烧心）、反酸。 【规　格】每片含碳酸氢钠0.5克。 【用法用量】口服。一次1~2片，每日3次。 在遵医嘱的情况下，若按标签服用，每天最多可消耗的氯化氢质量为_____。

评价标准	学业水平	评价工具
能有效开展定量实验探究	优秀	评价表： 指导语：评价等级中，A为完全符合，10分；B为基本符合，8分；C为一般符合，6分；D为基本不符合，4分；E为完全不符合，2分。

评价表：

指导语：评价等级中，A为完全符合，10分；B为基本符合，8分；C为一般符合，6分；D为基本不符合，4分；E为完全不符合，2分。

项目	内容	评价等级 A、B、C、D、E		
		自评	互评	教师评价
实验方案的探讨	能通过求钙元素的量联系到碳酸钙，依据碳酸钙的性质选择盐酸			
	能说出至少两种正确实验方案			
	能对至少一种方案做出恰当评价，发现其中的误差			
	能选择合适的实验仪器			
	积极参与讨论，表达自己的想法			
数据记录及处理	能准确选定要测量的物理量：反应前的总质量、反应过程中的总质量、反应后的总质量			
	明确自己的数据记录方式，并准确记录			
	能进行进一步的实验数据处理，得出钙元素含量			
实验操作	实验操作规范、有序			
实验反思	能对不同实验方法得出的数据进行合理反思、误差分析			

(六)教学效果反思

教学效果反思是教学设计不断改进的根基。只有通过对教学设计与教学过程的反思，才能发现教学设计实施过程中的问题、未达成的目标以及改进的策略。教师在完成教学设计与实施后，要及时进行反思，围绕基于核心素养的学业标准，对课堂教学目标的实现、课堂教学活动与方法的恰当性、学生对知识的掌握程度等展开反思，这是课堂教学落实学生发展核心素养的必要环节。教师通过反思，聚焦课堂上核心素养培养的实现程度，并思考改进的策略。

以下是历史学科"元朝对西藏的管理"的教学效果反思节选内容。

社会大课堂激发了学生关注身边历史的学习热情，有利于学生提升"社会参与"核心素养，形成"国家认同"核心素养。

课前教师曾进行口头调查，发现学生对北海公园的认识主要集中在明清时期，对元朝历史比较陌生。很少有学生关注到北海公园中的元朝历史遗迹。通过本课的学习，学生加深了对身边历史的感悟，更深入地了解了元朝在中国古代史上的地位，同时也深入理解了元大都的历史文化。

在对北海公园历史有深入认识的同时，学生还对自己身边的其他历史遗迹产生了兴趣。课后，有学生主动找到老师，提出自己家旁边的天宁寺塔是何时建造的及属于哪一教派等问题。这说明本课在一定程度上激发了学生探索历史遗迹的兴趣，有利于学生历史素养的提升和历史意识的培养。学生更积极主动地爱护文物，形成担当社会责任的意识，并对古代建筑体现的古人智慧更有探究热情。

学生通过探究，认识到了西藏文化的特点，以及国家宗教政策对维护民族团结、巩固统一的意义，结合现实，也能理解民族平等、共同发展的意义。

四、建构基于核心素养的教学设计是课堂教学落实学生发展核心素养的关键

结合学科特点设计基于核心素养的教学设计是课堂教学落实学生发展核心素养的基础。每个学科都结合本学科的特点对教学设计进行了总体构想，呈现形式多样。有的学科从单元角度切入，如中小学语文、中学地理。中学语文按照课程标准中的主题，将语文学科承载的国家核心素养、学科核心素养的教学如何体现核心素养要点进行总体设计，分为阅读单元、写作单元、综合性学习单元。有的学科从完整的一节课切入，如中学化学。有的学科既设计完整的课，也设计微课片段等。有的学科对已有的优秀教学设计进行再梳理，这是对基于核心素养的教学设计的再梳理，体现学科重点承载的核心素养、学业标准。有的学科依据学科项目组的研究成果进行教学的再设计。无论何种呈现方式，都要体现核心素养、学业标准两条核心脉络。

在此基础上，建构基于核心素养的教学设计各关键环节的关系。如化学学科建立了教学环节、教学活动、设计意图、教学目标及评价依据的关系，见表2-4-7。中学语文学科建立了单元教学目标、各课教学目标、教学环节、

问题设计的关系，并针对单元中的每一节课建立了环节、意图、问题、核心素养、评价之间的关系。地理学科建立了核心素养、基本思路、环节与问题串之间的关系。这些关系的梳理与建立体现了基于核心素养的教学设计的独特性。

表 2-4-7 化学学科"物质构成的奥秘——微粒构成物质"教学设计关键环节关系表

教学环节	主要教学活动	设置意图	教学目标	评价依据
新课引入	布置任务：分镁条。把 0.1 g 镁条对半剪小，直至你认为不能再分为止，从中你能发现什么？引起你的哪些思考？ 学生活动："无限"剪小镁条，这一从大到小的过程引发思考；最终镁条会成为一个肉眼看不见的微粒。认同大家"镁条剪到最后会成为一个肉眼看不见的微粒"的说法并引出课题。	从宏观现象出发借助想象走进微观世界，引发学生对物质构成的思考。	体会将镁条剪小的过程，引发微观探析的主观意识，发展宏观辨识与微观探析素养，意识到物质的微粒性，发展理性思维。	剪小镁条的过程和方法，剪小的程度。
建立分子论	略	略	略	略
应用解释	略	略	略	略
实物感知	略	略	略	略
小结和作业	略	略	略	略

五、聚焦学生课堂学习的过程与评价是课堂教学落实学生发展核心素养的表现

泽姆曼（Zemelman，S.）提出了基于标准教学的基本原则，其中包括：①学校教育应当以学生为中心；②学校要反复强调体验性学习；③所有学科的学习都必须是整体性的；④学生学习活动必须是真实的；⑤学习最好在一种真实性、挑战性、选择性和负责任的环境中进行；⑥有效的学习需要在反思的机会和过程中得到强化；⑦教师应当积极主动地营造社会交互环境，促进学生学习的发生；⑧有效的交互学习活动应当是合作性的；⑨民主的教学程序使课堂教学变得有效和富有成果；⑩高效的学习来自学生自身的认知经验；

⑪学生的学习必须是发展性的；⑫学生的学习最终要实现意义的建构。基于核心素养学业标准的教学设计也不例外，要聚焦学生课堂学习的过程与评价，强调课堂教学以学生为中心，强调学生的体验、反思、合作并实现意义的建构，通过课堂教学培养学生的核心素养。美国评价专家斯蒂金斯(Stiggins，R. J.)说，任何课堂教学质量最终都取决于课堂所运用的评价的质量。如果评价能够在课堂层面得到良好的运用，那么学习将会得到极大的改善。

基于学业标准的教学设计是一种融课程标准、学习评价和教学活动为一体的设计，为教师提供了一种理解课程标准、解析课程标准、应用课程标准的新视角。基于核心素养的教学设计则是在学科重点承载的核心素养要点与学业标准的双向引领下的教学创造。它将"教什么""怎么教""如何评"统整于课堂教学的全过程，建立目标—内容—方法—评价有机系统，不仅关注教学目标的设定、教学过程的设计，更注重学习评价的呈现，实现教学目标、教学过程与教学评价一体化。

参考文献

[1]李锋. 基于标准的教学设计：理论、实践与案例[M]. 上海：华东师范大学出版社，2013.

[2]张咏梅，胡进，田一，等. 学生发展核心素养应用路径的实证研究——以北京市义务教育阶段学业标准为载体[J]. 教育科学研究，2018(1).

[3]陆璟. PISA测评的理论和实践[M]. 上海：华东师范大学出版社，2013.

[4]Solomon，P. G. The Curriculum Bridge：From Standards to Actual Classroom Practice [M]. Thousand Oaks，Corwin Press，2003.

[5]Zemelman，S. Best Practice：Today's Standards for Teaching and Learning in America's School[M]. Portsmouth，NH，2005.

附录　学生发展核心素养培育的教学评价示例

"测量水的温度"教学案例

洪晔、郭立军

教学基本信息	
学科	小学科学
年级	四年级
内容领域	物质科学
主要发展的核心素养	理性思维、批判质疑、勇于探究
课型	新授课　学科融合
设计者	北京市宣武回民小学　洪晔
评析	北京教育科学研究院评价中心　郭立军

一、指导思想

通过科学和数学的学科融合，促进学生理性思维、批判质疑、勇于探究等核心素养的发展。

二、理论依据

(一)核心素养

1. 关于理性思维

小学数学关于理性思维的学科内涵描述，提到了经历观察、实验、猜测、计算、推理、验证等活动过程；运用比较、分类、演绎、归纳、抽象、概括、建立模型等基本方法；用符号和数学语言表示数、数量关系和变化规律；尊重事实和证据，有实证意识和严谨的求知态度；逻辑清晰，能运用基本的科学方法，基于获取的事实和证据进行合情推理和演绎推理，利用图形描述和分析问题。

小学科学关于理性思维的学科内涵描述，提到了能运用观察法、实验法、模型法等科学方法，客观描述自然事物的主要特征，掌握科学基础知识，了解基本的科学原理；在观察的基础上，能以客观事实为依据，用比较、分类、归纳、演绎、类比等思维方法进行推理和判断，初步理解自然现象产生的原因，解决身边简单的实际问题。

两个学科有相同的思维方法，强调客观描述和推理判断。数学更注重用数学语言表达数量关系、变化规律等，而科学更注重对自然现象的解释和实际问题的解决。

2. 关于批判质疑

小学数学关于批判质疑的学科内涵描述，提到了在现实情境或数学学习中善于观察，能发现并提出问题；能独立思考、独立判断，依据已有的知识和经验进行猜想或假设；能多角度、辩证地分析问题；敢于质疑，不迷信权威，不轻信经验，抱着严谨的态度进行理性分析，做出符合科学规律及事实的选择和决定。

小学科学关于批判质疑的学科内涵描述，提到了乐于思考，能从具体现象与对事物的观察、比较中提出疑问，能对他人的观点提出不同见解；能利用证据，多角度、辩证地分析问题，做出判断和选择。

两个学科都要求学生敢于质疑，能够提出不同的见解。

3. 关于勇于探究

小学数学关于勇于探究的学科内涵描述，提到了对与数量关系和空间形式有关的现象或问题具有好奇心和想象力；在科学探究过程中不畏困难，有坚持不懈的探索精神；能大胆尝试，积极寻求观察、实验、猜测、计算、推理、验证、调查研究、利用图形描述和分析问题、建立模型等有效的问题解决方法等。

小学科学关于勇于探究的学科内涵描述，提到了对自然事物有好奇心，能大胆想象，针对要研究的问题能提出解决方案，能选择合理有效的解决方法并进行尝试，不怕困难，有克服困难的信心和决心，能总结成功的经验，分析失败的原因，坚持按计划经历完整的研究过程，收集证据，做出解释。

两个学科勇于探究描述的共同点：不怕困难，坚持按计划经历完整的研究过程，有坚持不懈的探索精神，能选择合理有效的解决方法等。

(二)课程标准

小学科学课程标准：小学科学课程是一门综合性课程。理解自然现象和解决实际问题需要综合运用不同领域的知识和方法……强调科学课程与并行开设的语文、数学等课程相互渗透，促进学生的全面发展。

数学课程标准：课程内容要反映社会的需要、数学的特点，要符合学生的认知规律。它不仅包括数学的结果，也包括数学结果的形成过程和蕴含的数学思想方法……课程内容的选择要贴近学生的实际，有利于学生体验与理解、思考与探索……要重视直接经验，处理好直接经验与间接经验的关系。

三、内容分析

(一)四个维度分析(科学)

事实性知识	水的温度会随环境的温度改变。
概念性知识	热可以在物体间传递。
方法性知识	①测量水温的方法。②猜想、验证、得出结论的研究方法。
价值性知识	感受实验的价值，感受折线统计图在实验结果表示中的作用。

(二)现有教材内容分析(科学)

测量水的温度(教材内容)	分析
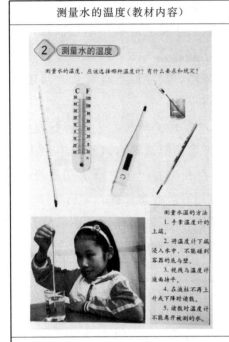	"测量水的温度"是前一课"温度和温度计"的延续。本课继"温度和温度计"一课之后，使学生进一步知道温度计的有关知识——如何使用温度计。因此，测量水温的步骤、方法，是本课学习的重点。首先要选择合适的温度计，并对温度计进行检测。指导学生养成良好的实验习惯，知道选择工具、检测工具是不可缺少的环节。选择的理由和测量对象的温度范围相关，检测的方法在前一课已经讲过，学生可以自己操作。
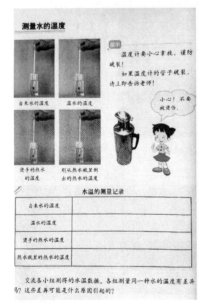	"测量水的温度"这部分分为两项活动。第一项活动是：学习用温度计对四种不同温度的水进行测量，并记录测量数据。请学生自主测量，在分析数据时发现问题，反馈测量方法的不同，从而得到正确的测量方法。正确测量后，再次交流各小组测得的水温数据，分析产生差异的原因，为下一步连续测量水温做铺垫。

续表

测量水的温度（教材内容）	分析
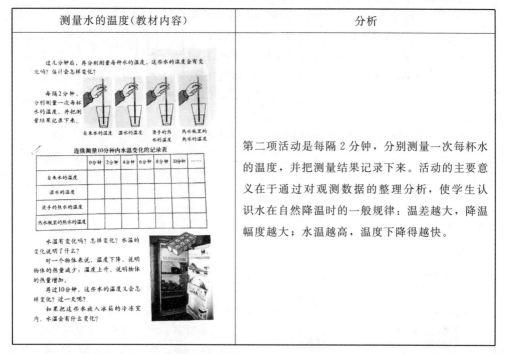	第二项活动是每隔 2 分钟，分别测量一次每杯水的温度，并把测量结果记录下来。活动的主要意义在于通过对观测数据的整理分析，使学生认识水在自然降温时的一般规律：温差越大，降温幅度越大；水温越高，温度下降得越快。

教师的思考：

因为教材内容过多，在试讲过程中，教师发现一节课无法完成所有内容，而学生对技能的掌握和熟练需要反复操作才能达到预期效果。教师对教材内容进行了重组，把测量水温这项技能与分析水温的变化趋势这项思维活动分别放在两课时完成。第一课时着重测量水的温度的技能培养，包括选择工具、检测工具、测量方法的掌握等内容，并且给学生提供不同的材料，以便学生发现水的温度是会改变的，为第二课时做铺垫。第二课时着重研究水温是否会变化及变化是否有规律。由上节课学生提出的问题入手，引导学生讨论如何解决"水温是不是在变化"这个问题，帮助学生用统计图的方式进行数据分析，从而在发现水温变化规律的过程中培养学生的能力和素养。

（三）纵向梳理（数学）

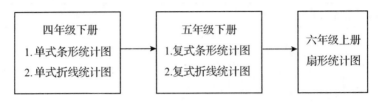

从纵向梳理中可以发现统计图的学习有以下特点。

统计图	分析
四年级下册 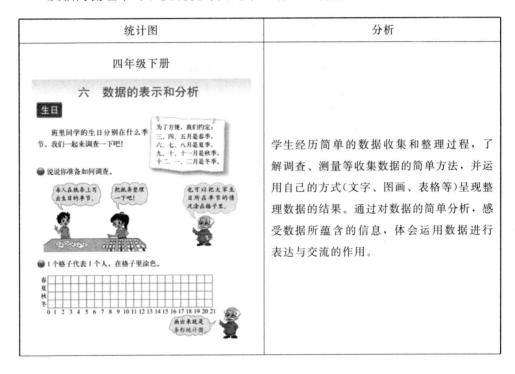	学生经历简单的数据收集和整理过程，了解调查、测量等收集数据的简单方法，并运用自己的方式（文字、图画、表格等）呈现整理数据的结果。通过对数据的简单分析，感受数据所蕴含的信息，体会运用数据进行表达与交流的作用。

统计图	分析
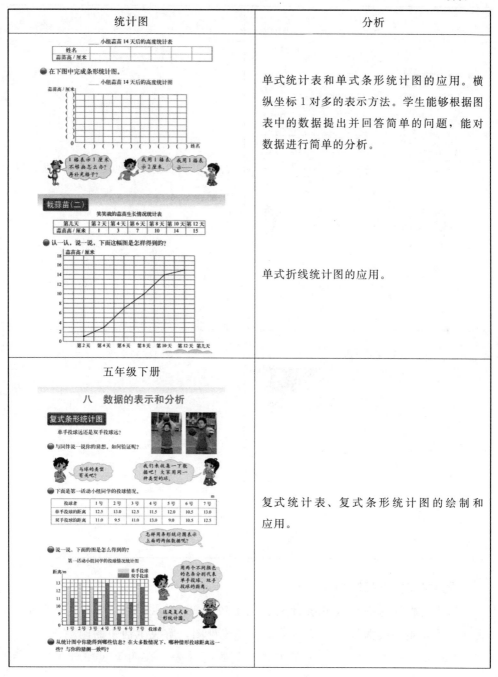	单式统计表和单式条形统计图的应用。横纵坐标1对多的表示方法。学生能够根据图表中的数据提出并回答简单的问题，能对数据进行简单的分析。 单式折线统计图的应用。 复式统计表、复式条形统计图的绘制和应用。

统计图	分析
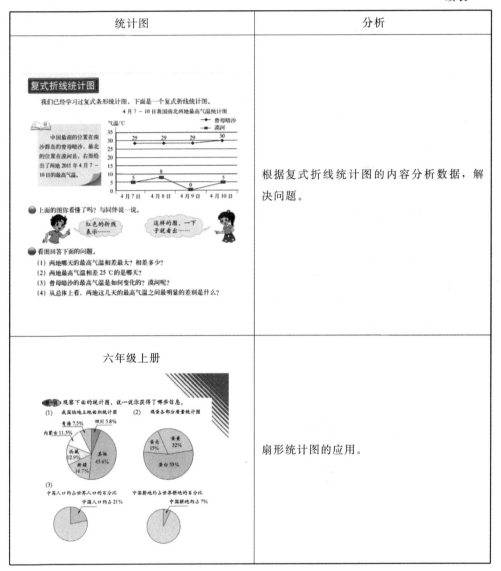	根据复式折线统计图的内容分析数据，解决问题。
六年级上册	扇形统计图的应用。

(四)横向梳理(数学)

北师大版教材把单式的统计表、条形统计图、折线统计图放在一个单元学习。学生能够根据数据分析的需要选择统计图，解决生活中的问题。

人教版教材在三年级安排了单式和复式统计表，在四年级安排了单式和复式条形统计图，在此基础上在五年级安排了单式和复式折线统计图。通过对之前知识的回顾，学生通过折线统计图更容易看出数据变化趋势的特点。

教师的思考：

第一，统计图是数据分析的工具。

学生在学习绘制统计图时，是在统计表统计的数据的基础上绘图的。首先认识横纵坐标轴，明确一格表示多少，然后绘制相应的统计图。在分析数据时，条形统计图更容易显示数据的多少，折线统计图更容易显示数据的变化趋势，可根据需要进行选择。

第二，学生没有学习统计图的绘制方法，课上如何用统计图分析数据？

学生在还没有学习统计图的绘制方法时，为了课上分析水温的变化趋势，只看统计表中的数据并不容易对比分析。设计较形象的统计图，把从温度计上看到的温度"转移"到图中，看清横纵坐标表示的内容，尤其是温度轴一格表示几度，以及怎么找到自己测量的温度，都需要教师的指导。学生在教师的指导下能够顺利完成绘图，根据绘制的折线统计图能很快发现水温变化的规律。

(五)科学和数学的融合点

1. 思维角度：学科核心素养理性思维

第二节课延续上一节课的内容。学生在测量水温时发现水温是会变化的，提出了水温会怎样变化的问题。学生选取材料，设计过程，进行测量前的预测、测量验证，在测量了几个数据后进行有依据的预测，通过测量验证结果。在收集一定的数据的基础上进行数据分析，从统计表到折线统计图，观察水温的变化趋势。最后利用复式折线统计图观察水温变化的整体趋势，为在高年级学习热传导打下基础。

学生经历的设计—预测—验证—数据分析的过程，体现了两个学科核心素养中关于理性思维的培养。

2. 方法角度：温度变化——折线统计图

"测量水的温度"是中年级段的内容。在认识了温度和温度计之后，学生进一步知道温度计的有关知识——如何使用温度计。因此，测量水温的步骤、方法，是本课学习的重点。

学生掌握正确测量水温的方法后，每隔 2 分钟，分别测量一次每杯水的温度，并把测量结果记录下来。活动的主要意义在于通过对观测数据的整理分析，使学生认识水在自然降温时的一般规律：温差越大，降温幅度越大；水温越高，温度下降得越快。在记录水温变化的过程中，设计适合观察变化的记录单，以便学生进行数据分析。

形象的记录单有助于中年级学生进行观察，连点成线，就可以达到折线统计图的效果，能够方便学生看出数据的变化趋势。

四、学情分析

(一)学生已有基础

1. 知识与技能

中年级学生具有一定的生活经验，知道生活中做不同的事需要用不同温度的水，并在前一节课中学习了温度计的使用。可是对于测量水的温度，他们在生活中缺少机会去实践，但生活中仍然存在着各种测量水温的需要。

2. 方法与能力

中年级学生经过之前的学习，逐步学会了科学的观察和记录方法，能够明确实验目的和需要观察的内容，能够在小组中分工合作，进行简单有效的记录。科学知识是学习者在教师和同伴的帮助下，利用必要的学习资源，通过自己的探究获得的。所以本课的技能学习过程为：由学生自主测量水温，在数据分析中产生对正确测量方法的需要，讨论习得正确的测量水温的方法。

3. 情感态度与价值观

中年级学生在科学课上具有很强烈的探索欲望，愿意亲自观察实验。经过之前的培养，学生初步具有小组合作的精神，能够预测结果，记录过程，但在实验过程中需要始终以严谨认真的态度进行实验，认真记录每次实验的数据。这节课在多次测量中让学生能够测量同伴杯中水的温度，对照实验单检查验证，使学生养成认真记录的习惯。

(二)数学知识基础

学生在四年级之前学习了利用统计表记录数据的方法，并且可以根据表中记录的数据提出或回答简单的问题。分析水温的变化趋势，显然用折线统计图更合适，可是学生没有学习过统计图这种统计工具，因此，结合中年级学生更倾向于形象思维的情况，教师需要设计更形象、更容易理解和操作的统计图，帮助学生突破数据记录的难点。

为了进一步了解学生对统计图的理解情况，教师对学生进行了相关内容的前测。

调研对象：北京市宣武回民小学四年级 5 班(共 34 人)。

调研题目：

①画一条线，表示你身高的变化。

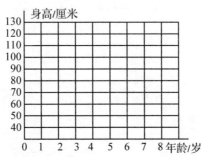

②从图中你获取了什么信息？

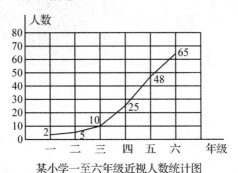

某小学一至六年级近视人数统计图

设计意图：

①了解学生是否能用图形表示一组数据的变化趋势。

②了解学生是否能从图中看出数据的变化趋势。

调研结果：

①画一条线，表示你身高的变化。

情况分类	直线上升	曲线上升	没有变化	条形统计图
人数	20	5	1	8
百分比	58.82%	14.71%	2.94%	23.53%
作品样例				

②从图中你获取了什么信息？

情况分类	年级越高，近视人数越多	六年级近视人数最多	读出图中数据	年级升高，视力越来越好了	不会做
人数	17	5	7	1	4
百分比	50%	14.71%	20.59%	2.94%	11.76%
作品样例					

教师的思考：

通过学情调研可以得到如下结论。

第一，以学生熟悉的数据制作统计图，充分发挥已有经验。

前测的两个问题，引导学生展开思考，体会图与数的关系。题目1是把学生成长过程中的身高数据与年龄的关系用图表示出来。有25人能够用曲线图表示身高随年龄的变化，占73.53%；有8人能用条形统计图表示身高的变化，占23.53%。这说明学生对统计图这种表示数据的形式并不陌生，他们能根据数据特点进行图形的绘制，但这组数据到底是如何变化的，是呈直线还是呈曲线变化，用哪种统计图更容易表达数据的变化，学生并不清楚。

从题目 2 的情况看，大部分学生可以从统计图中获取一定的信息。只读出各点数据的有 7 人，占 20.59%；关注最大、最小数值的有 5 人，占 14.71%，说明学生能关注整组数据的情况；能看出变化趋势的有 17 人，占 50%。

以上调查结果显示，统计图对大部分学生来说并不陌生。他们能找到数和图的联系，能从图中读出数据的变化。

第二，根据学生已有情况，利用统计图突破重难点。

学生对统计图有所了解，所以教师可以在测量水温之前，让学生利用统计图预测水温，把头脑中水温的变化用数学的形式外显。学生并没有在数学课上学习过有关统计图的知识点，准确绘图有一定的困难。这节课在测量水温收集证据之后上，教师需要对学生绘图进行指导，以便学生在正确绘图的基础上进行进一步的数据分析。

五、基于学业标准的教学目标及教学准备

内容标准	课时安排	内容标准细目	学业水平层次			中国学生发展核心素养
			合格	良好	优秀	
物质科学领域	测量水的温度	测量、描述物体的特征	√			理性思维
		热是能量的表示形式		√		批判质疑
		解释生活中常见的与热有关的现象			√	勇于探究

教学目标：

①学生通过观察发现水温会变化，并且发现变化有规律。（重点）

②学生能以事实为依据，经历猜测、观察、推理等活动过程，用科学词汇、图示符号、统计图表等方式记录和整理信息，并能对信息进行分析，培养学生的理性思维。（难点）

③学生能利用证据多角度地分析问题，不畏困难、大胆尝试，针对要研究的问题能够提出解决方案，培养批判质疑的良好思维品质和勇于探究的精神。

教学准备：

教师：班级记录单、与学生相同的材料、板书贴图、多媒体课件。

学生(小组)：四杯不同温度的水、四支温度计、机器人支架、抹布、记录单。

六、教学过程、点评及教学反思

(一)教学流程图

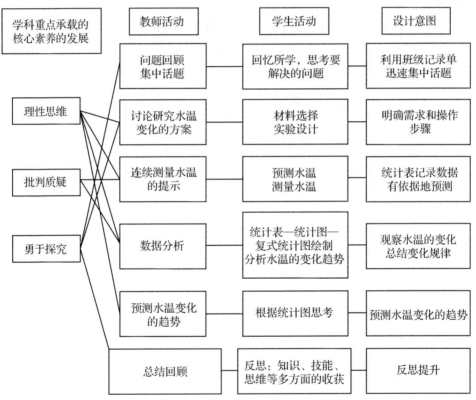

(二)教学过程

1. 活动一：回顾上节课内容，展开话题

谈话：同学们，还记得上节课我们学习的内容吗？(出示班级记录单)

你们提出了新的问题：水的温度是不是变化的？水温的变化是不是有规律的？这节课我们就继续学习"测量水的温度"，来研究水温的变化。

点评：利用班级记录单迅速集中话题，帮助学生回顾之前所学，提出这节课要解决的新的问题。

2. 活动二：多次测量水温，发现水温的变化趋势

（1）讨论方案

教师提问：我们想知道水温变化的规律，需要什么材料？想怎么做？

学生准备材料：温度计、不同温度的水、记录表单。

每隔2分钟测量一次，多测几次，把数据记录在统计表中，观察它变化的情况。

教师提问：实验中有什么需要提醒大家注意的问题吗？

学生提示：玻璃仪器轻拿轻放，不要把水碰洒，注意正确的测量方法。

点评：面对这节课要解决的问题，让学生思考测量中的需求，明白要做什么、怎么做，以及注意什么。

（2）预测水温怎样变化

测量水的初始温度：

教师提问：请你用上节课学习的测量水温的方法测量水温。

学生测量并记录。

预测水温的变化：

教师提问：根据测量的温度，你能预测这杯水的温度会如何变化吗？在图中画出来。

学生预测、画图。

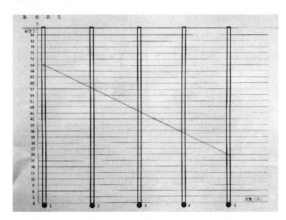

全班交流：

学生预测：水温直线变化（直线上升、直线下降、不变）。

学生预测：水温忽高忽低变化。

学生预测：水温变化有时快有时慢（不是直线上升或下降）。

教师：同学们根据之前测量水温的经验做出了预测。我们要想知道水温到底如何变化，就需要测量水温。

点评：学生在之前测量水温时积累了一些测量的经验，发现有的水的温度变化很小，有的水的温度变化很大。根据测量的初始水温，学生预测这种水的温度会上升、下降或不变，但对于水温如何上升、如何下降却不是特别清楚，这就引发了连续测量、观察水温变化的需求。

（3）连续测量水温，记录数据

要求：每隔2分钟测量一次水温，把温度记录在图中的温度计上。

利用机器人小助手帮助测量。

学生测量并收集数据。

点评：直接在统计图中的温度计上进行数据记录。由于之前预测过，学生在测量时能看出水温的变化是不是和自己预测的变化相同。在测量数据增加的过程中，他们也会发现，水温变化并不是直线上升或直线下降的。教师可设计形象的统计图，让学生直接在统计图中的温度计上做记录，节约时间。

（4）数据汇报、分析

教师提问：观察你记录的数据，如果我们把这些水温用线连起来，它的变化和你之前的预测一样吗？谁愿意说说你测量的水温是怎样变化的？

学生汇报：

①热水瓶里的水和烫手的热水的温度下降了，但不是直线下降，刚开始的时候下降得快，后来下降的速度变慢了。

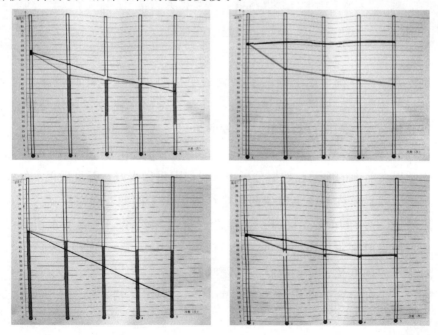

②自来水的温度几乎不变。

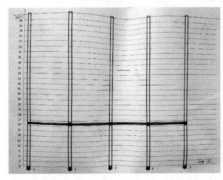

③从冰箱里拿出的水的温度上升了，上升的速度比较慢。

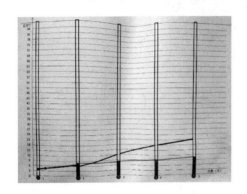 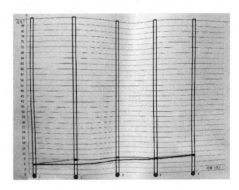

　　点评：学生在统计图上预测了水温的变化趋势，在教师的指导下在统计图上进行数据记录，制成折线统计图，更容易看出水温的变化趋势。将水温的真正变化情况与预测进行对比，引发学生思考。

　　(5)反思总结

　　你觉得在前面的实验和数据分析中，我们哪里做得好，哪里做得不好？

　　预设：我们首先根据上节课的测量结果提出了问题。面对要研究的问题，我们思考了需要使用什么材料、怎样进行测量和记录，预测了水温的变化，并且通过测量验证了自己的猜想。

　　对于水温的变化，你还有什么问题吗？

　　预设：①如果这四种水放置更长的时间，如1天后，水温会无限下降或上升吗？

②水温是不是变到和自来水的温度差不多就不再上升或下降了呢？

点评：学生根据对已有数据的分析，能看出水温变化的整体趋势，从而进行进一步的有依据的预测。开放性的问题让学生把课上的思考或新的问题提出来，可以就水温的问题做进一步研究。

板书设计：

(三)教学反思

1. 关于学科融合

学生探索水温的变化规律必然要有数据的支撑。在前一节课学习测量水温方法的过程中，学生已经猜测水温可能是在不断变化的。在这节课学生通过测量收集证据，验证猜想。对于中年级学生来说，要观察水温的变化，只通过在表格中记录数据进行分析不直观，需要的时间较长，而通过统计图就能一目了然地看到数据的变化。因为学生在数学课上还没有学习统计图的绘制和分析，这节课上教师通过设计简单的记录单，帮助学生形象地在图中的温度计上记录温度。通过连点成线的方法制作成类似折线统计图的图表，学生能够迅速找到水温变化的规律，并且进行交流。数学方法帮助学生进行数据的记录和分析，而这些记录和分析的经验，也会在学生以后学习折线统计图的时候成为重要的已有经验。

2. 核心素养的落实

学生的思维发展从如何解决"水温是否变化、如何变化"的问题开始，经历预测、实证、分析、反思等过程。这样可以帮助学生建立"如何解决问题"

的思维模式，使他们以后遇到别的问题，也可以用这样的方法进行思考。尤其反思环节，让学生思考做得好和做得不好的地方，可在今后的探究活动中进行改进，一步步培养学生勇于探究的素养。

这节课的起始是学生在上节课中练习测量水温的技能时，对两次测量的数据提出了疑问。教师给学生提供了不同温度的水。自来水的温度在两次测量中的差距不大，而热水的温度出现了较大的变化。善于思考的学生提出了问题：这是我们测量方法不对造成的误差还是水温本来就是变化的？如果水温真的在变，它的变化有没有规律？这引发学生进一步思考。教师做的仅仅是提供了不同温度的水。学生自己思考提出的问题，更有解决问题的需求，培养了批判质疑的素养。

这节课在学生通过实证认识到水温会变化及变化有规律之后，也让学生进行进一步的思考：不同温度的水的变化趋势是不同的，这些不同中有没有相同的地方？学生在思考后提出了新的问题：水温的变化是不是趋近室温的？它们最终是不是会变到同一个温度？课上的时间是有限的，而学生的思维空间是无限的。学生的思维是基于客观事实的，可以培养学生理性思维的素养。

(四)教学总评

1. 科学和数学融合，拓展学生的思维深度

这节课的重点内容是探索水温变化的规律。要发现规律，就要有一定的数据，并且对数据进行合理的分析。利用科学课学习的测量水温的方法收集数据，利用形象的记录单进行记录。要想更容易地看出数据的变化趋势，进一步分析数据的变化，看看水温的变化是不是和自己预想的一样，就需要绘制折线统计图。数学课关于统计图的内容在四、五年级，因此，在学生不会绘图的情况下，教师设计更形象的记录单，能够帮助学生解决数据分析的困难。预测时在记录单上用线表示水温的变化，记录时在记录单上点点标记，分析数据时连点成线与预测情况进行比较，有效地帮助学生解决了在数据分析中遇到的困难，帮助学生用数学语言描述了水温的变化情况，一步步发现水温变化的秘密。

2. 科学和数学融合，培养学科核心素养

这节课由上节课学生提出的问题引入，是学生愿意学习和研究的内容。关于怎么解决"水温会不会变""变化有没有规律"的问题，教师让学生思考解决方法，制订研究计划，坚持按计划经历完整的研究过程，培养了学生勇于探究的精神。

学生在研究过程中，运用比较、抽象等方法，用事实描述水温的变化，与自己的预测进行比较，培养了学生的实证意识和严谨的求知态度，培养了学生理性思维的思维习惯。

学生最开始对于水温变化的预测，源于他们在前一节课上测量的经验。他们觉得热水的温度会降低，自来水的温度变化会比较小，从冰箱里拿出的水的温度会升高。但是水温到底按照什么样的路径变化，是不是和预测相同，需要利用证据进行理性分析。在这个过程中，学生对自己的预测结果进行了比对验证，结合实证描述了与预测相同或不同的变化趋势，敢于质疑自己或他人的预测结果，敢于描述水温未来的变化趋势，培养了批判质疑的素养。

建造景山学校绿色楼道空间

刘伟华、李燃、臧梦迪、黄冬芳、乔文军、张玉峰

一、上课场地布局

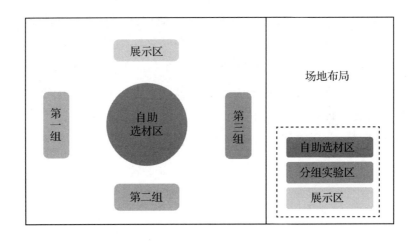

二、指导思想和理论分析

课程标准注重渗透科学核心素养。本节课以生物学、物理、化学的课程标准为指导思想，注重科学观念、科学思维、科学探究、科学态度与责任等方面科学核心素养的渗透。整节课从解决实际问题出发，将生物学、物理、化学知识进行有机融合，引导学生深入、全面思考问题和解决问题，以全面提升科学素养。

当代的教学首先应该关注的是学生核心素养的发展。所谓学生发展核心素养，主要是指学生应具备的能够适应个人终身发展和社会发展需要的必备品格和关键能力。核心素养是学生知识与技能、情感、态度与价值观等多方面的综合表现，是每一名学生获得成功生活、适应个人终身发展和社会发展

都需要的、不可或缺的共同素养。正式发布的《中国学生发展核心素养》分为文化基础、自主发展、社会参与三个方面，综合表现为人文底蕴、科学精神、学会学习、健康生活、责任担当、实践创新六大素养。

开展 STEM(科学、技术、工程和数学)项目学习，引导学生在完成作品的过程中建构知识。STEM 项目学习是指学生在明确目标的情况下，完成丰富情境下的任务。在此过程中，学生需要解决若干问题，同时教师通过学生完成的作品来考量学生对 STEM 所涉及的各个学科的概念的掌握情况。九年级学生已经基本学习了生物学、物理、化学等科学学科的知识内容，进入了备战中考的复习阶段。因此，本节课采用 STEM 项目学习法，以"如何提高温室大棚中农作物的产量"这一真实的探究情境展开，引导学生根据已有的科学知识建构温室大棚。同时当解决同一问题存在多种方案时，引导学生从实际情境出发，讨论交流，共同决策，根据实际情况选择合适的方案。在此过程中培养学生调取已有知识，进行团队决策，从生态平衡、经济效益等多角度出发思考问题、解决问题的能力，完成知识内容复习任务的同时，提升学生的批判性思维、生态意识等相关科学素养。

正确及时的评价是教学过程中不可缺少的一个重要环节。只有对教师的教、学生的学做出积极的、客观的评价，才能对教学目标的完成情况做出最真实的判断。在教学过程中，要对以往的评价方式进行转变，倡导基于化学学科核心素养的评价，积极倡导"教、学、评"一体化，促进每一名学生的化学学科核心素养得到不同程度的发展。与此同时，正确的评价也有助于教师深刻领会化学学科核心素养的内涵，帮助教师科学合理地制定教学目标；帮助教师准确把握学习质量要求，合理选择和组织教学内容；帮助教师充分认识化学实验的独特价值，进而可以精心设计实验探究活动；帮助教师创设真实的问题情境，促进学生学习方式的转变；帮助教师有效地开展化学日常学习评价；帮助教师增进对化学学科的理解，提升课堂教学能力。

三、教学背景分析

本节课是一节学科融合的课程。教师在学生对生物学、物理、化学这三门学科学习到一定程度的基础之上，本着帮助学生掌握解决实际问题的能力的目的，注重学生的真正所得，安排了这节以"建设我们的生物走廊"为课题，以研究天竺葵生长环境为内容的综合性课程。学习本节课之前，学生已经掌握了绿色植物的光合作用、分解者在植物生长过程中的作用、溶液的酸碱性的检测等相关知识，掌握了三个学科不同方向的相关实验技能，掌握了对比实验的思想并具备了利用对比实验的思想设计相关实验的能力。

学生面临的主要困难在于在面对一个较为综合、复杂的真实问题的时候，学生无法将学过的生物学、物理、化学知识综合运用，在进行开放性较强的实验探究的过程中思维还不够严谨，特别是无法将对比实验的思想运用到每一个实验过程中。

通过本节课，一方面对学生已经学过的知识做一个简单的复习和回顾，另一方面对学生综合运用各学科的知识解决实际问题的能力进行锻炼。另外，本节课对学生的科学素养的培养和实验探究能力的提升有着非常大的积极作用。

四、教学目标

(一)知识目标
①体会植物光合作用的知识在实际问题中的利用。
②掌握溶解、过滤、酸碱度的检测等化学实验技能在实际问题中的应用。
③理解光质、光强、温度等物理因素在植物生长中的重要作用。

(二)能力目标
①综合运用所学的生物学、物理、化学知识分析和解决实际问题。
②培养多角度、全面分析和思考问题的能力。
③培养利用对比实验的思想进行实际实验的能力。

(三)情感态度与价值观目标
①热爱自然，热爱生命，理解人与自然和谐发展的意义，提高环保意识。
②学会感受运用生物学、物理、化学知识在解决实际生活问题中的价值，唤起对于自然科学的探究兴趣。

③在实验探究的过程中培养科学素养和科学品质。

五、课程设计

六、教学环节

教学环节	教学内容
介绍景山学校绿色楼道空间现状并引出待解决的问题	1. 介绍景山学校绿色楼道空间现状。 2. 介绍天竺葵。 3. 提出观点：将在景山学校绿色楼道空间种天竺葵。 4. 提出问题：要在景山学校绿色楼道空间种天竺葵，从天竺葵的自身特点出发，为了保证天竺葵苗壮成长，应该考虑哪些因素？
发散讨论	影响天竺葵生长的因素： 1. 光照、温度、水分。 2. 土壤(肥料、微生物、pH)。 3. 二氧化碳浓度。 ……
集体实验	提出问题：掉落在土壤中的植物叶片是否需要及时清理？若不及时清理，会枯枝败叶堆积成山吗？(体验土壤中微生物的重要作用) 材料：用土壤浸出液处理过的玉兰叶片。 学生活动： 1. 取出浸泡过的玉兰叶片，观察玉兰叶片的变化。 2. 用清水冲洗玉兰叶片，直至只留下叶脉。 提出问题：为什么会出现这种现象？叶肉是如何腐烂的？ 教师引导总结： 土壤中存在大量细菌等微生物。植物的枯枝败叶落到土壤中会被土壤中的微生物分解，再作为营养物质被植物体吸收利用。

续表

教学环节	教学内容
自助实验	自助选材清单： ①植物类：天竺葵植株、芹菜等。 ②器材类：显微镜、载玻片、盖玻片、滴管、烧杯、锥形瓶、注射器、黑纸板、各种颜色的滤光膜、温度传感器、二氧化碳传感器、氧气传感器、红外线灯、pH 计、研钵、土壤浸出液提取装置、菌落总数测试片、水浴锅、植物补光灯、玻璃板、玻璃罩、光通量测试仪、透明塑料袋等。 ③试剂类：清水、碘液、澄清石灰水、酒精、无色酚酞溶液、碳酸氢铵、BTB 溶液、84 消毒液、浓盐水、红墨水等。
小组讨论 并总结	引导小组成员分享探究过程与探究结果。

七、教学反思

(一)以学科融合为特色，培养学生核心素养

本节课的最大特色就是生物学、物理、化学三个学科的融合。在解决"如何建设绿色走廊"这个综合性较强的问题的过程中，学生需要对三个学科的相关知识进行分析，既要用到物理上有关光照强度和光质的知识，又要用到化学上有关二氧化碳产生以及化肥的知识，同时还需要生物方面关于光合作用、呼吸作用、沤肥的相关知识。可以说解决这样一个综合性较强的问题，是帮助学生打破学科壁垒、实现学科有效融合的关键一步。

(二)以任务驱动为核心，培养学生解决实际问题的能力

本节课最明显的核心就是解决问题，完成任务。课堂的大部分时间里学生都在完成"探究影响天竺葵生长的因素"这个任务，不论是选择实验仪器还是进行小组讨论，不论是进行实验设计还是完成实验，学生都在不断地完成任务的过程中感受综合运用知识的魅力。更为精彩的是，学生在本节课上完成的任务不再是和单一学科相关的简单任务，也不再是浮于纸面的理论任务，而是基于实际问题解决的综合性任务。本节课大大培养了学生解决实际问题

的能力，对于学生思维品质的提高具有非常重要的作用。

（三）以大容量实验为手段，建构广泛参与的真互动

在上课之前，三位教师做了大量的准备工作，主要在实验方案的预设和实验器材的准备上。本节课中教师预先设计的实验有八个，准备的实验器材和实验药品丰富多样，既包括学生较为熟悉的澄清石灰水、无色酚酞溶液等常规实验药品，也包括二氧化碳传感器、氧气传感器、光通量测试仪等较为精密的仪器。学生在进行实验设计的过程发散思维，可以针对自己想要研究的内容进行大胆的设计，选择自己想用的药品和仪器完成实验。可以说，每一个人都真正地参与到实验探究的过程中，是参与程度广泛，学生和教师之间、学生和学生之间互动真实的高效课堂。

附件：学生学案

建造景山学校绿色楼道空间

生物走廊是大家再熟悉不过的场所，那里有标本、化石，有海洋生物，有淡水生物，还有两块肥沃的土地，其中一块土地现在还处于待开垦状态。现在我们打算在这块土地上种满天竺葵。同学们作为景山学校的小主人，是否对生物走廊这块土地的利用充满期待呢？要在生物走廊上种天竺葵，从天竺葵的自身特点出发，为了保证天竺葵苗壮成长，应该考虑哪些因素？例如，生物走廊的温度如何控制？生物走廊的玻璃颜色如何选择？如何使生物走廊内的植物生长得更好？现在请你结合学习过的科学知识，运用现有的实验材料进行科学探究，并根据科学探究的结果为生物走廊的建造提出你的宝贵意见和建议。

例：　　　　　　　建造景山学校绿色楼道空间

实验探究名称	土壤中微生物对植物叶片的作用
所需材料	玉兰叶片、枯草芽孢杆菌、清水
实验设计及过程（图示、文字皆可）	将玉兰叶片浸泡于清水中，加入适量枯草芽孢杆菌，一段时间后取出，观察叶片变化

续表

实验探究名称	土壤中微生物对植物叶片的作用
实验结果	除叶脉外，叶片其他结构都已经腐烂
实验结论	土壤中微生物可以使植物叶片腐烂（有机物转化为无机物）
针对以上实验，我们小组对生物走廊的建造提出的建议	植物的残枝败叶落到土壤中，不需要人为及时清理 土壤中的微生物会将残枝败叶分解，将有机物转化为无机物，再供植物体吸收利用

自助选材清单

1—植物类	2—器材类	3—试剂类
【1—1】天竺葵植株 【1—2】芹菜	【2—1】显微镜 【2—2】载玻片、盖玻片 【2—3】滴管 【2—4】烧杯 【2—5】锥形瓶 【2—6】注射器 【2—7】玻璃罩 【2—8】各种颜色的滤光膜 【2—9】温度传感器 【2—10】二氧化碳传感器 【2—11】氧气传感器 【2—12】光通量测试仪 【2—13】红外线灯 【2—14】pH 计 【2—15】土壤浸出液提出装置 【2—16】菌落总数测试片 【2—17】水浴锅 【2—18】植物补光灯 【2—19】玻璃板 【2—20】透明塑料袋	【3—1】清水 【3—2】碘液 【3—3】澄清石灰水 【3—4】酒精 【3—5】无色酚酞溶液 【3—6】碳酸氢铵 【3—7】BTB 溶液 【3—8】浓盐水 【3—9】红墨水

表现性评价任务设计与实践案例

——"是否需要延长寒假、缩短暑假"调查统计活动

施刘霞、郭立军

【任务背景】

现实背景：2016 年 1 月 21 日，北京市政协委员、北京市教育委员会主任线联平出席政协小组讨论。线联平接受记者采访表示，因为雾霾大多发生在冬季，北京市将对中小学生的寒暑假进行调整。这一素材非常适合学生研究。学生可以从多角度去收集、分析数据，进行自己的推断，在研究中完整经历统计过程，形成解决问题的不同方案，并在交流中丰富对数据分析的理解和认识，发展数据分析观念，在研究过程中综合运用知识，提高综合素养。

学情背景：在信息发达的今天，数据日益成为一种重要的信息，收集、整理与分析数据的能力已成为信息时代每个人基本素养的一部分。随着社会的发展，"运用数据进行推断"的思考方法已成为一种强有力的思维方式。因此，小学数学教学应当使学生熟悉统计调查的基本方法，从而使他们形成统计意识，发展数据分析观念。

【任务目标】

①结合现实背景，经历收集、整理与分析数据的过程，进一步体会统计在实际生活中的应用，从而发展数据分析观念。

②根据现实背景和实际需求进行调查研究，从而得出合理结论，充分体会调查的重要性和必要性。

【任务对象】

六年级学生。

【任务设计与实施】

一、任务布置

(一)任务流程

1. 介绍任务背景

2016 年 1 月 21 日，北京市政协委员、北京市教育委员会主任线联平出席政协小组讨论。线联平接受记者采访表示，因为雾霾大多发生在冬季，北京市将对中小学生的寒暑假进行调整。你们怎么看待这个问题呢？

2. 独立研究

组长根据问题背景进行合理分工。小组成员先独立调查研究，可以通过上网查阅资料，收集需要的数据，然后整理、分析数据。

3. 小组合作

大家将自己收集的数据在小组内进行汇总。组长带领组员整合相关数据，选择合适的方式进行数据描述(各种统计图表)，最后形成小组的研究报告，并制作 PPT，准备汇报。

4. 班级汇报展示

5. 各组根据大家的建议进行修改和反思

(二)任务形式

研究报告＋PPT＋汇报交流。

二、任务指导

(一)资料来源

可以到"中国天气网""天气后报网"等网站去收集相关信息，获得第一手资料，整理出需要的数据。

(二)数据分析

为了便于更清楚地分析数据，可以将调查收集的数字信息输入 Excel，利用图表功能转化成统计图，这样便于分析数据。

(三)完成步骤

要充分发挥小组的作用，先独立研究，再合作交流，不断完善自己组的研究报告，制作成 PPT，最后交流汇报。

(四)研究报告要求及样例

研究报告的具体要求：

①根据研究背景提出自己组的研究问题。

②写清楚研究的目的是什么。

③确定小组成员，并进行合理分工。

④研究过程要具体、条理清楚，包括上网收集数据、整理数据、分析数据等，让人一目了然。

⑤通过对数据的分析和研究最后得出自己小组的结论，做出合理的决策。

研究报告的样例

研究问题	
研究目的	
研究成员	
研究过程	
研究结论	

(五)PPT 制作及要求

PPT 由五部分(研究问题、研究目的、研究成员、研究过程、研究结论)组成。重点突出研究过程和研究结论，用数据说话。数据可以是数字、文字，也可以是图表等，尽量做到有理有据、条理清晰。

PPT 背景简单美观，大标题用黑体 40 号，小标题用楷体 24 号，1.5 倍行距，每一页上的字数尽量不超过 30 个。

(六)汇报交流及要求

①以小组为单位进行汇报，分工明确，汇报人清楚知道自己的任务和汇报顺序，衔接流畅。

②汇报人声音响亮，表达清楚有条理，适当的时候可以用手势提醒同学，同时吸引大家的注意力。

③汇报人对自己的研究问题、研究过程很清楚，能随时接受别人的质疑，

并做出相应的解释。

④汇报完毕，虚心听取他人意见和建议。

三、表现性评价表和评价维度描述

（一）表现性评价表

表现性评价表

班级：_____ 小组成员：_____

评定维度	具体项目	组内自评				同伴互评	教师评定
		1号	2号	3号	4号		
知识技能	从适当渠道收集信息						
	对数据进行整理						
	用统计表、统计图描述数据						
数学思考	根据问题需要制订收集数据的计划						
	从大量的数据中提取信息						
	运用信息进行决策和推断						
	根据问题背景选择合适的方法						
问题解决	提出需要用统计解决的问题						
	从数据的角度分析问题						
	根据数据分析的结果去解决问题						
	对解决问题的过程和结果进行反思						
情感态度	参与统计活动						
	个人独立思考						
	与同学合作						
表达交流	PPT制作水平						
	汇报交流水平						
	小计						
综合评定	组内自评平均分＋同伴互评分数＋教师评定分数						

续表

学生自评	本次活动中我最满意的方面是： 下次活动中，我在哪方面可以做得更好：
教师评语	年　　月　　日

(二)评价维度描述

1. 知识技能

(1)从适当渠道收集信息

①不知道能从哪些渠道收集信息。

②在组内同伴的提示下，能想到一些收集信息的渠道。

③受组内同伴启发，能想到从多种渠道收集解决问题需要的信息。

④能主动想到从多种渠道收集解决问题需要的信息。

(2)对数据进行整理

①不能对数据进行整理。

②能用一种方法对数据进行简单的整理。

③在组内同伴的启发下，能想到用多种方法整理数据。

④能根据需要灵活地运用多种方法整理数据。

(3)用统计表、统计图描述数据

①不能用统计表或统计图描述数据。

②能根据需要用统计表描述数据，但不能用统计图描述。

③能用统计表和统计图描述数据。

④能根据需要灵活选择统计表或统计图对数据进行描述。

2. 数学思考

(1)根据问题需要制订收集数据的计划

①不能根据问题需要制订收集数据的计划。

②能根据问题需要，在组内同伴的帮助下，制订收集数据的计划。

③能根据问题需要，受组内同伴启发，制订收集数据的计划。

④能根据问题需要主动思考，独立制订完整合理的收集数据的计划。

（2）从大量的数据中提取信息

①不能从大量的数据中提取有用的信息。

②能从大量的数据中提取少量有用的信息。

③能从大量的数据中提取大部分比较有用的信息。

④能从大量的数据中提取全部关键有用的信息。

（3）运用信息进行决策和推断

①不能运用有用信息进行决策和推断。

②能运用部分有用信息进行初步决策和推断。

③能运用有用信息进行基本合理的决策和推断。

④能运用有用信息进行合理的决策和推断。

（4）根据问题背景选择合适的方法

①不能根据问题背景选择合适的方法。

②能根据问题背景，在组内同伴的帮助下，选择一种方法进行研究。

③能根据问题背景，受组内同伴启发，选择不同的方法进行研究。

④能根据问题背景自主选择合适的方法进行研究。

3. 问题解决

（1）提出需要用统计解决的问题

①不能提出合理的需要用统计解决的问题。

②能提出多个数学问题，但不一定需要用统计解决。

③能提出比较合理的需要用统计解决的问题。

④能提出非常合理的需要用统计解决的问题。

（2）从数据的角度分析问题

①没有数据意识，不能从数据的角度分析问题。

②有简单的数据意识，基本能从数据的角度分析问题。

③有较强的数据意识，能从数据的角度分析问题。

④有很强的数据意识，能从数据的角度分析问题。

（3）根据数据分析的结果去解决问题

①不能根据数据分析的结果解决问题。

②能根据数据分析的结果基本解决问题。

③能根据数据分析的结果解决实际问题。

④能根据数据分析的结果合理灵活地解决问题。

(4)对解决问题的过程和结果进行反思

①不能对解决问题的过程和结果进行反思。

②在提醒下，能对解决问题的过程和结果进行反思。

③能对解决问题的结果进行一定的反思，不能提出改善建议。

④能联系实际，主动对解决问题的过程和结果进行反思，并能修改方案。

4. 情感态度

(1)参与统计活动

①不愿意参与整个统计过程。

②能在组内同伴的督促下参与整个统计过程。

③能比较积极主动地参与整个统计过程。

④能非常积极主动地参与整个统计过程。

(2)个人独立思考

①不能独立思考，需要别人较多的帮助。

②在组内同伴的提示下能进行一定的独立思考。

③大多数情况下能独立思考并有一定见解。

④面对问题能独立思考，并很好地提出自己的见解。

(3)与同学合作

①分工不明确，难以合作。

②分工基本明确，能初步合作。

③分工较明确，合作较有序。

④分工明确，合作协调有序。

5. 交流表达

(1)PPT 制作水平

①PPT 内容基本全面，重点不够突出，条理不够清晰，缺少美感。

②PPT 内容比较完整，重点不够突出，条理基本清晰，缺少美感。

③PPT 内容比较全面，重点比较突出，条理比较清晰，有一定的美感。

④PPT 内容全面，重点非常突出，条理非常清晰，给人以美感。

（2）汇报交流水平

①语言不流畅，缺乏逻辑性，PPT 演示不熟练。

②语言不够流畅，有一定的逻辑性，PPT 演示不够熟练。

③语言比较流畅，逻辑比较合理，PPT 演示比较熟练。

④语言流畅，具有较强的逻辑性，PPT 演示熟练。

综合评定（组内自评平均分＋同伴互评分数＋教师评定分数）：

A. 出色完成任务，等级为优秀，163≤各维度总分≤192。

B. 较好完成任务，等级为良好，144≤各维度总分≤162。

C. 基本完成任务，等级为合格，115≤各维度总分≤143。

D. 有待全面提高，等级为待达标，各维度总分≤114。

四、任务实施

学生利用课余时间进行调查研究，并用自己喜欢的方式记录数据、整理数据、描述数据、分析数据等，形成自己的研究报告。

全班汇报交流，小组之间进行相互评价。

进一步完善自己的研究报告，并对自己活动中的表现进行评价，同时也对本小组的成员进行评价。

五、学生研究报告

（一）精英组研究报告

1. 研究问题

是否需要延长寒假、缩短暑假？

2. 研究目的

通过了解空气质量情况，确定是否需要延长寒假、缩短暑假。

3. 研究成员

李地雪、姜丹丹、张翰、周新宇。

4. 研究过程

(1)收集数据

搜索过程中的困惑：没找到数据。

通过不断搜索终于找到数据：改变关键词后找到数据。

(2)整理并记录数据

①记录数据（样例）。

②建立电子表格。

时间	空气污染情况/天数					
	优	良	轻度	中度	重度	严重
2014 年 1 月	5	8	9	7	1	1
2014 年 2 月	5	2	8	2	2	9
2014 年 3 月	4	12	3	7	2	3
2014 年 4 月	0	13	9	5	1	2
2014 年 5 月	3	14	11	3	0	0
2014 年 6 月	3	19	5	3	0	0
2014 年 7 月	3	9	6	8	4	1
2014 年 8 月	5	13	6	7	0	0
2014 年 9 月	6	13	7	4	0	0
2014 年 10 月	5	9	4	3	3	7
2014 年 11 月	6	9	7	2	2	4
2014 年 12 月	11	11	3	4	1	1

续表

时间	空气污染情况/天数					
	优	良	轻度	中度	重度	严重
2015 年 1 月	4	10	6	6	2	3
2015 年 2 月	8	4	3	9	0	4
2015 年 3 月	4	9	8	4	4	2
2015 年 4 月	4	12	7	5	2	0
2015 年 5 月	5	17	5	4	0	0
2015 年 6 月	8	11	5	5	1	0
2015 年 7 月	4	12	12	3	0	0
2015 年 8 月	9	16	5	1	0	0
2015 年 9 月	13	9	5	3	0	0
2015 年 10 月	5	9	4	3	3	7
2015 年 11 月	3	12	2	5	3	5
2015 年 12 月	5	6	5	3	2	10
2016 年 1 月	12	10	3	3	1	2
2016 年 2 月	18	5	3	2	1	0
2016 年 3 月	9	7	4	4	3	4
2016 年 4 月	5	9	11	4	1	0
2016 年 5 月	1	20	8	1	1	0
2016 年 6 月	4	13	11	2	0	0
2016 年 7 月	4	11	11	5	0	0
2016 年 8 月	11	13	6	1	0	0
2016 年 9 月	14	7	6	2	1	0
2016 年 10 月	5	12	4	5	3	2
2016 年 11 月	3	11	6	5	3	2
2016 年 12 月	4	8	5	4	3	7
2017 年 1 月	8	9	3	1	5	5
2017 年 2 月	11	5	8	1	1	2
2017 年 3 月	12	7	6	5	0	1
2017 年 4 月	3	19	5	3	0	0
2017 年 5 月	2	18	9	0	0	2

时间	空气污染情况/天数					
	优	良	轻度	中度	重度	严重
2017 年 6 月	2	18	10	0	0	0
2017 年 7 月	3	17	10	1	0	0
2017 年 8 月	3	17	10	1	0	0
2017 年 9 月	7	11	11	1	0	0
2017 年 10 月	11	12	5	2	1	0
2017 年 11 月	12	12	4	2	0	0
2017 年 12 月	17	9	2	2	1	0
2018 年 1 月	14	12	4	1	0	0
2018 年 2 月	8	13	4	2	1	0

（3）根据数据绘制统计图

①绘制折线统计图。

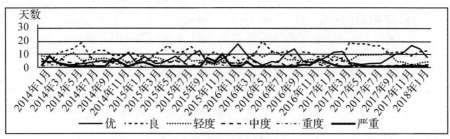

2014—2018年空气污染情况折线统计图

发现：观察折线统计图，不能明显地看出污染情况。

②筛选出空气严重污染情况，绘制折线统计图。

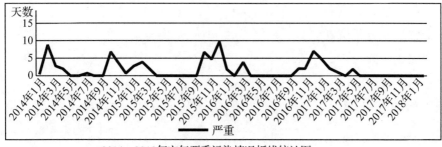

2014—2018年空气严重污染情况折线统计图

发现：能清楚看出空气严重污染的变化情况。

③将折线统计图转化成条形统计图，能看出空气严重污染的情况。

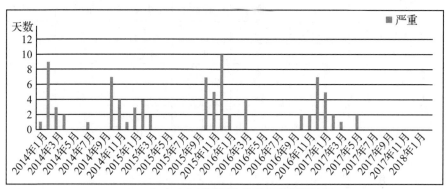

2014—2018年空气严重污染情况条形统计图

5. 研究结论

2014—2018 年，每年 10 月到第二年 3 月空气污染较 7～9 月严重，7～9 月空气严重污染天数几乎为 0，所以建议延长寒假、缩短暑假。

（二）红星组研究报告

1. 研究问题

是否需要适当延长寒假、缩短暑假？

2. 研究目的

通过调查研究天气情况，验证是否需要延长寒假、缩短暑假。

3. 研究成员

焦燊、田军、蒋浩、尹耀翔。

4. 研究过程

①收集信息和资料。

②整理并分析资料。

③完成实验报告。

5. 研究结果

2014—2017 年 1～3 月和 7～9 月空气污染天数统计表

	2014 年	2015 年	2016 年	2017 年
1～3 月	21 天	27 天	13 天	9 天
7～9 月	3 天	2 天	8 天	0 天

通过调查还发现：

2014—2015 年 1～3 月空气污染天数远远多于 7～9 月的空气污染天数。2016 年，1～3 月空气污染天数和 7～9 月空气污染天数的差距缩短。我们通过收集资料发现 2016 年环境保护部门组织召开会议，分析此次重污染成因，并研究提出防控建议：减少工业废气排放，减少机动车废气排放，冬季燃煤采暖改成电采暖，所以 2016 年冬季雾霾天数明显减少。

2017 年供暖季（1、2 月及 11、12 月）的大气污染扩散气象条件好于2013—2016 年，主要表现为冷空气影响次数偏多，小风日数和静稳天气少。京津冀地区小风日数比 2016 年偏少 3.1％；11 月和 12 月京津冀地区静稳天气指数比 2016 年同期偏低 4.4％和 13.5％，其中北京地区偏低 8.1％和 16.8％。小风日数和静稳天气减少，有利于大气污染扩散和大气环境的改善。

6. 研究结论

从 2016 年开始，寒暑假雾霾天数差距逐渐缩短，所以我们得出结论，北京的天气质量正在逐渐得到改善，故我们组觉得寒暑假的天数不需要调整。

(三)海绵组研究报告

1. 研究问题

是否需要延长寒假、缩短暑假？

2. 研究目的

通过收集数据、整理数据、分析数据，决定是否支持延长寒假、缩短暑假的提议。

3. 研究成员

李涵凝、陈雅茹、常明佳、周天禄。

4. 研究疑问

空气质量是否只跟雾霾相关？

针对这个问题，我们通过查阅环境保护部门网站上的相关数据，即"城市空气质量状况月报"中的数据得出结论。我们对影响空气质量因素的数据进行研究分析，发现：空气质量的好坏，不仅与 PM2.5、PM10 有关，也会受 NO_2、SO_2、O_3 等的影响。

5. 研究过程

（1）收集整理数据

收集了 2013 年 3 月至 2017 年 12 月的北京空气质量影响因素的相关数据，并对它们进行了分类整理。

（2）研究分析数据

① 2013—2017 年空气主要污染物的浓度变化与达标天数比例变化情况。

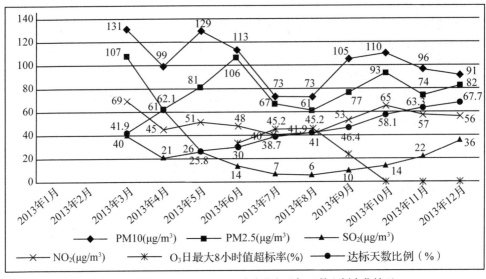

2013年空气主要污染物的浓度变化与达标天数比例变化情况

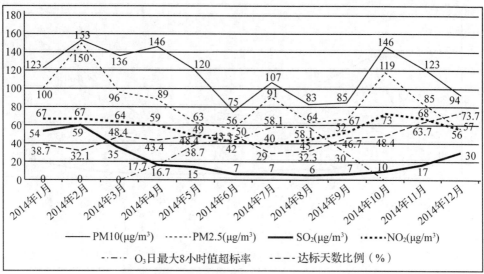

2014年空气主要污染物的浓度变化与达标天数比例变化情况

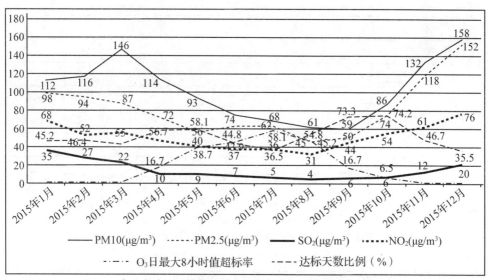

2015年空气主要污染物的浓度变化与达标天数比例变化情况

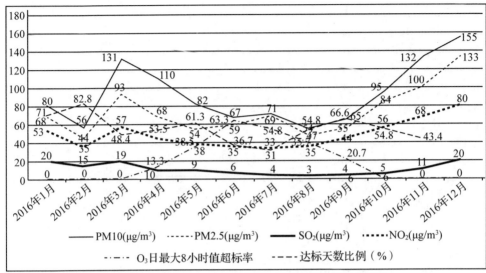

2016年空气主要污染物的浓度变化与达标天数比例变化情况

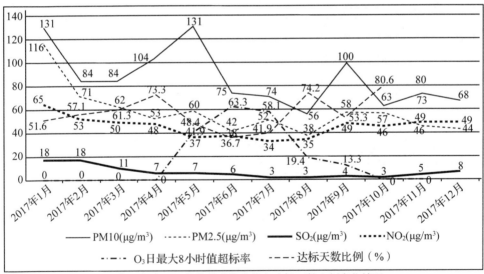

2017年空气主要污染物的浓度变化与达标天数比例变化情况

从上组图中可以看出：2013—2017 年，影响空气质量的众多因素中，在夏季，只有 O_3 最大 8 小时值超标率上升，所以，夏季的主要污染物为 O_3。相反，在冬季中，PM2.5、PM10、NO_2、SO_2 浓度都在上升，并且 PM2.5 上升较为明显，所以，冬季的主要污染物为 PM2.5。

②每年月平均达标天数比例情况。

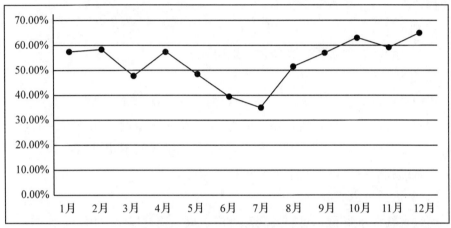

2013—2017年空气质量月平均达标天数比例情况

2013—2017 年，在夏季(5～8 月)，空气质量达标天数比例较低，冬季反而较高。这是由于在夏季，紫外线照射强烈，O_3 浓度明显升高，引起空气质量变差，应建议人们做好防晒工作，因此不建议缩短暑假。

6.研究结论

通过研究分析可以看出，夏季空气质量的主要影响因素为 O_3，冬季的主要影响因素为 PM2.5。在夏季，PM2.5 浓度明显下降，但 O_3 日最大 8 小时值超标率上升，因此空气质量下降，空气达标天数所占比例明显下降。在冬季，尽管 PM2.5 浓度上升，但是 O_3 日最大 8 小时值超标率几乎为 0，因此空气达标天数所占比例反而较高，因此不建议延长寒假、缩短暑假。

(四)星空组研究报告

1. 研究问题

是否延长寒假、缩短暑假？

2. 研究目的

通过收集数据、整理数据、分析数据，决定是否支持延长寒假、缩短暑假的提议。

3. 研究成员

刘杨(组长)、刘志男、吴新岳、刘明轩。

4. 研究过程

我们在确定研究问题后，首先想到的是查一查雾霾到底是怎样形成的。国家非常重视雾霾治理，所以我们还想再调查一下经过这几年雾霾有没有得到治理，如果已经得到了治理，空气有改善，那么就不用延长寒假、缩短暑假了。所以我们组从以下几个方面进行了调查。

(1)雾霾的形成原因

通过查阅大量资料，我们发现雾霾的形成主要有以下原因。

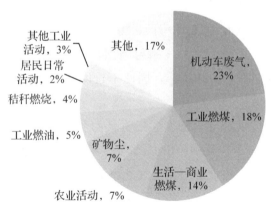

(2)国家关于雾霾的相关政策

我们知道了雾霾的形成原因后，查了一下国家有哪些相关政策来治理雾霾。

①加快能源发展结构调整(减少煤炭利用，多利用清洁能源)。

②解决燃烧污染问题(比如煤改气，禁止燃烧秸秆)。

③加大机动车污染治理力度(单双号限行,大力推广电动汽车,宣传绿色出行)。

④加强炼钢厂等的废气排放管理。

(3)历年的雾霾数据

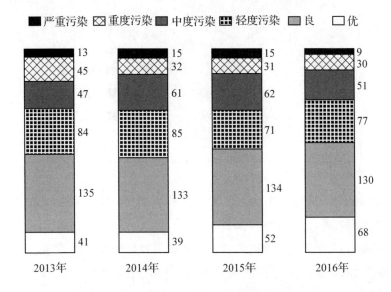

北京 2013—2016 年空气质量统计图

2013 年全年优良天数一共为 176 天,占全年总天数的 48.2%,没有超过一半。雾霾天数在 100 天以上。

2014 年与 2013 年差不多,几乎没有什么改善。

通过调查资料得知,2015 年北京开始通过调整产业结构、优化能源结构等相关举措加大空气污染治理力度。数据显示 2015 年北京空气达标天数为 186 天,占全年天数的 51%。好天气数量比 2014 年多了 14 天。

到了 2016 年,空气质量得到了明显改善,严重污染天数少了,中度污染天气也少了,达标天数变多了。

此外,我们找到了 2017 年空气质量的扇形统计图。

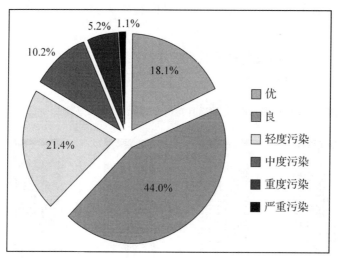

通过扇形统计图我们计算出：

优天数 66 天，良天数 161 天，轻度污染天数 78 天，中度污染天数 37 天，重度污染天数 19 天，严重污染天数 4 天。

埃菲社援引中国媒体报道称，2017 年北京地区的优良天数达到了 227 天，比 2016 年增加 29 天；重污染天数共 23 天，比 2016 年减少了 16 天。

而且据北京消息，2017 年北京实现了治理雾霾的目标。到 2017 年年底，PM2.5 平均浓度降至 $58\mu g/m^3$，同比下降 20.5%，足以证明空气质量改善了。

（4）其他的相关资料

①电商平台关于口罩销售的统计数据。

2016 年 12 月 16 日至 20 日，仅 4 天时间某电商平台就售出口罩超 1500 万只，同比增加 380%；售出 11 万台空气净化器，增加 210%；PM2.5 检测仪销量增加 105%。

而到 2017 年，主要电商平台未公布与口罩和空气净化器相关的销售数据。

2017 年，广州某公司多年从事口罩的采购和销售工作的市场总监，在接受中新网记者采访时说，公司多数民用口罩销往北方地区，销量受天气影响很大。与 2016 年相比，2017 年民用口罩销量下滑超过 50%。

②空气净化器销量减少。

某网站提供的数据显示，2017年第四季度，北京地区空气净化器销售额同比下滑 57.6%。在经历了几年高速增长之后，空气净化器市场增速放缓。

5. 研究结论

我们通过调查雾霾的形成原因，了解国家的相关政策，分析 2013－2017 年北京的空气质量及其他的一些相关资料，得到了空气质量正在改善的结论。而且寒暑假本来就是因为天气太热或太冷才放的，如果改变了放假时间，就有可能带来其他方面的问题。所以我们觉得不用延长寒假、缩短暑假。

精英组表现性评价表

班级：　六(4)　　　　小组成员：　李地雪、姜丹丹、张翰、周新宇

评定维度	具体项目	组内自评				同伴互评	教师评定
		1 号	2 号	3 号	4 号		
知识技能	从适当渠道收集信息	4	4	3	3	4	4
	对数据进行整理	4	4	3	3	4	4
	用统计表、统计图描述数据	4	4	2	3	4	4
数学思考	根据问题需要制订收集数据的计划	4	4	2	3	3	3
	从大量的数据中提取信息	4	4	3	3	4	4
	运用信息进行决策和推断	4	4	3	3	4	4
	根据问题背景选择合适的方法	4	4	3	3	3	4
问题解决	提出需要用统计解决的问题	3	4	3	3	3	3
	从数据的角度分析问题	4	4	3	3	3	4
	根据数据分析的结果去解决问题	4	4	3	3	4	4
	对解决问题的过程和结果进行反思	3	3	2	2	3	3
情感态度	参与统计活动	4	4	3	3	4	4
	个人独立思考	4	4	3	3	4	4
	与同学合作	4	4	3	3	4	4

续表

评定维度	具体项目	组内自评				同伴互评	教师评定
		1号	2号	3号	4号		
表达交流	PPT制作水平	3	4	3	3	3	3
	汇报交流水平	4	4	2	2	3	3
小计		61	63	44	46	57	59
综合评定		优秀					
学生自评	本次活动中我最满意的方面是： 1. 我学会了从网上收集数据，并进行整理。 2. 我学会了用Excel的图表功能制作各种统计图。 3. 我学会了做PPT。 4. 我能够通过整理数据、分析数据解决实际问题了。 下次活动中，我在哪方面可以做得更好： 可以从多角度思考问题，这样考虑问题就更全面了。						
教师评语	从你们的研究报告中可以看出你们经历了完整的统计过程，从收集数据到整理数据，再到分析数据，从而合理地进行决策。汇报交流时，分工明确，条理清楚。 <div align="right">2018年5月25日</div>						

红星组表现性评价表

班级：__六（4）__　　　　　小组成员：__焦粲、田军、蒋浩、尹耀翔__

评定维度	具体项目	组内自评				同伴互评	教师评定
		1号	2号	3号	4号		
知识技能	从适当渠道收集信息	4	4	3	4	4	4
	对数据进行整理	4	4	3	4	4	4
	用统计表、统计图描述数据	4	4	3	3	4	4
数学思考	根据问题需要制订收集数据的计划	4	3	3	4	4	3
	从大量的数据中提取信息	4	4	3	4	4	4
	运用信息进行决策和推断	4	4	4	4	4	4
	根据问题背景选择合适的方法	4	4	3	3	3	4

续表

评定维度	具体项目	组内自评				同伴互评	教师评定
		1号	2号	3号	4号		
问题解决	提出需要用统计解决的问题	3	3	3	3	3	4
	从数据的角度分析问题	4	4	3	4	3	4
	根据数据分析的结果去解决问题	4	4	3	4	4	4
	对解决问题的过程和结果进行反思	3	3	2	3	3	3
情感态度	参与统计活动	4	4	4	4	4	4
	个人独立思考	4	4	4	4	4	4
	与同学合作	4	4	3	4	4	4
表达交流	PPT制作水平	4	4	4	3	3	3
	汇报交流水平	4	4	4	4	3	3
小计		62	61	52	59	58	60
综合评定		优秀					
学生自评	本次活动中我最满意的方面是： 1. 我学会了用不同的关键词进行资料收集，并进行整理。 2. 我学会了用Excel的图表功能制作各种统计图。 3. 我能勇敢地站在全班同学面前汇报成果。 4. 我知道了如何筛选数据。 下次活动中，我在哪方面可以做得更好： PPT可以做得再精致些。						
教师评语	通过这次活动，老师欣喜地发现你们学习更主动了，合作更和谐了。你们能够经历完整的统计过程，汇报交流很流畅，重点很突出。<div align="right">2018年5月25日</div>						

海绵组表现性评价表

班级：　六(4)　　　　小组成员：　李涵凝、陈雅茹、常明佳、周天禄

评定维度	具体项目	组内自评				同伴互评	教师评定
		1号	2号	3号	4号		
知识技能	从适当渠道收集信息	4	4	3	3	3	3
	对数据进行整理	4	3	3	3	3	3
	用统计表、统计图描述数据	3	3	2	3	3	3

续表

评定维度	具体项目	组内自评				同伴互评	教师评定
		1号	2号	3号	4号		
数学思考	根据问题需要制订收集数据的计划	4	3	2	3	3	3
	从大量的数据中提取信息	4	4	3	3	3	4
	运用信息进行决策和推断	3	4	3	3	4	3
	根据问题背景选择合适的方法	4	3	3	3	3	3
问题解决	提出需要用统计解决的问题	3	3	3	3	3	3
	从数据的角度分析问题	4	4	3	3	3	3
	根据数据分析的结果去解决问题	4	3	3	3	3	3
	对解决问题的过程和结果进行反思	3	3	2	2	2	3
情感态度	参与统计活动	4	4	3	3	4	3
	个人独立思考	4	4	3	3	4	4
	与同学合作	4	4	3	3	3	3
表达交流	PPT 制作水平	4	3	2	2	3	3
	汇报交流水平	3	4	3	3	3	3
小计		59	56	44	46	50	50
综合评定		良好					
学生自评	本次活动中我最满意的方面是： 1. 我学会了通过多种渠道收集资料，并从多角度思考问题。 2. 我学会了用 Excel 的图表功能制作各种统计图。 3. 我知道了很多关于空气质量的知识。 4. 我学会了如何与别人合作。 下次活动中，我在哪方面可以做得更好： 分析问题更全面一些，统计图做得更规范一些。						
教师评语	你们能从多角度思考问题、分析问题，从而进行合理决策，特别棒！在汇报交流时大家配合再默契一点就更好了。 <div align="right">2018 年 5 月 25 日</div>						

星空组表现性评价表

班级：__六(4)__ 　　　　小组成员：__刘杨、刘志男、吴新岳、刘明轩__

评定维度	具体项目	组内自评				同伴互评	教师评定
		1号	2号	3号	4号		
知识技能	从适当渠道收集信息	4	4	3	3	4	4
	对数据进行整理	4	4	3	3	4	4
	用统计表、统计图描述数据	4	3	4	3	4	4
数学思考	根据问题需要制订收集数据的计划	4	4	2	2	3	3
	从大量的数据中提取信息	4	4	3	3	4	4
	运用信息进行决策和推断	4	4	3	3	4	4
	根据问题背景选择合适的方法	4	3	3	3	3	3
问题解决	提出需要用统计解决的问题	4	4	3	3	4	4
	从数据的角度分析问题	4	4	3	3	3	4
	根据数据分析的结果去解决问题	4	4	3	3	4	4
	对解决问题的过程和结果进行反思	3	3	2	2	3	3
情感态度	参与统计活动	4	4	4	4	4	4
	个人独立思考	4	4	4	3	4	4
	与同学合作	4	4	4	3	4	4
表达交流	PPT制作水平	4	3	4	2	3	3
	汇报交流水平	3	4	3	3	3	3
小计		62	60	51	46	57	58
综合评定		优秀					
学生自评	本次活动中我最满意的方面是： 1. 我的电脑操作水平提高了。我学会了用 Excel 的很多功能，也会做 PPT 了。 2. 我学会了查阅资料，收集并整理数据。 3. 我感觉到了团队力量大。这次我们小组合作非常愉快，圆满完成了任务。 4. 我知道了如何撰写研究报告。 下次活动中，我在哪方面可以做得更好： 小组分工可以更明确、细致。						
教师评语	你们小组能够想到借鉴别人的劳动成果，对别人收集的数据进行整理、分析，从而做出合理的决策，也很棒。 　　　　　　　　　　　　　　　　　　　　2018 年 5 月 25 日						

六、总结与反思

第一，在活动实施前指导学生理解评价标准有助于学生完成任务。评价标准既可以促进学生在完成任务时好好表现，又能指导学生做好自评和互评工作，提高了表现性评价的信度与效度。数学实践活动的表现任务同时能评价学生各方面的能力，如收集信息的能力、数学表达与交流能力、合作能力等。

第二，通过表现性评价任务使学生聚焦自己感兴趣的话题，激发其发现和提出问题，明确研究的方向，并从统计的角度思考问题，根据需要从不同的角度收集数据、整理数据、分析数据，引导学生形成有说服力的结论。这一过程促进了学生数据分析观念的发展。

第三，生活中从统计角度解决的问题，由于数据的类型、来源、收集方法不一样，描述的视角不同，分析的方法不一，往往会得出不一样的结论。这恰恰为最终的合理决策提供了多维度的依据，也使决策更科学。引导学生以小组为单位分享不同研究视角下的成果，并在评价、质疑中读懂他人想法，兼容并包，多元理解，从而使学生对数据有全面、丰富的认识，将决策和推断建立在深刻的数据分析基础上。